Simbolismo celta

La guía definitiva sobre el significado espiritual de los símbolos de los celtas y su uso en el paganismo

© Copyright 2024

Todos los derechos reservados. Ninguna parte de este libro puede ser reproducida de ninguna forma sin el permiso escrito del autor. Los revisores pueden citar breves pasajes en las reseñas.

Descargo de responsabilidad: Ninguna parte de esta publicación puede ser reproducida o transmitida de ninguna forma o por ningún medio, mecánico o electrónico, incluyendo fotocopias o grabaciones, o por ningún sistema de almacenamiento y recuperación de información, o transmitida por correo electrónico sin permiso escrito del editor.

Si bien se ha hecho todo lo posible por verificar la información proporcionada en esta publicación, ni el autor ni el editor asumen responsabilidad alguna por los errores, omisiones o interpretaciones contrarias al tema aquí tratado.

Este libro es solo para fines de entretenimiento. Las opiniones expresadas son únicamente las del autor y no deben tomarse como instrucciones u órdenes de expertos. El lector es responsable de sus propias acciones.

La adhesión a todas las leyes y regulaciones aplicables, incluyendo las leyes internacionales, federales, estatales y locales que rigen la concesión de licencias profesionales, las prácticas comerciales, la publicidad y todos los demás aspectos de la realización de negocios en los EE. UU., Canadá, Reino Unido o cualquier otra jurisdicción es responsabilidad exclusiva del comprador o del lector.

Ni el autor ni el editor asumen responsabilidad alguna en nombre del comprador o lector de estos materiales. Cualquier desaire percibido de cualquier individuo u organización es puramente involuntario.

Su regalo gratuito

¡Gracias por descargar este libro! Si desea aprender más acerca de varios temas de espiritualidad, entonces únase a la comunidad de Mari Silva y obtenga el MP3 de meditación guiada para despertar su tercer ojo. Este MP3 de meditación guiada está diseñado para abrir y fortalecer el tercer ojo para que pueda experimentar un estado superior de conciencia.

https://livetolearn.lpages.co/mari-silva-third-eye-meditation-mp3-spanish/

¡O escanee el código QR!

Tabla de contenidos

INTRODUCCIÓN 1
CAPÍTULO 1: LOS ANTIGUOS CELTAS 3
CAPÍTULO 2: CREENCIAS Y SIMBOLISMO CELTA 13
CAPÍTULO 3: DE LA 'A' LA 'Z' DE LOS SÍMBOLOS CELTAS 22
CAPÍTULO 4: EL CALENDARIO DEL ÁRBOL CELTA 43
CAPÍTULO 5: EL ALFABETO OGHAM 61
CAPÍTULO 6: LA RUEDA DEL AÑO 79
CAPÍTULO 7: EL ÁRBOL DE LA VIDA 92
CAPÍTULO 8: LOS ANIMALES COMO SÍMBOLOS CELTAS 101
CAPÍTULO 9: ADIVINACIÓN CELTA 110
BONUS: MEDITACIONES EN LOS ÁRBOLES 120
CONCLUSIÓN 129
VEA MÁS LIBROS ESCRITOS POR MARI SILVA 131
SU REGALO GRATUITO 132
REFERENCIAS 133
FUENTES DE IMAGENES 141

Introducción

La antigua cultura celta ha atraído la atención y la curiosidad de las personas durante siglos debido a sus ricas tradiciones, su fascinante mitología y su profunda conexión con la naturaleza. Los celtas eran un grupo diverso de personas que habitaban varias partes de Europa, y dejaron un rico legado de simbolismo que tiene un profundo significado hasta el día de hoy. Este libro explora el profundo y cautivador reino de la espiritualidad y el simbolismo celta y enseña algunas cosas sobre la herencia celta y su significado. Aparte de la espiritualidad, la cultura celta es un complicado tapiz tejido con intrincados hilos de música, arte, folclore y misticismo.

Aunque los celtas se consideran principalmente irlandeses, también eran habitantes de Escocia y Gales. Son más conocidos por su profunda afinidad con el mundo natural, su reverencia sagrada por los ciclos de la naturaleza y los espíritus que residen en este mundo. Los vibrantes festivales y celebraciones del pueblo celta atraen la atención de los forasteros, pero el misterioso simbolismo hace grande a esta cultura. Los símbolos han desempeñado un papel central en la espiritualidad celta y han servido como la principal forma en que los celtas se comunicaban con lo divino. Cada símbolo tiene un significado espiritual y un significado más profundo detrás.

Para comprender y desentrañar el misterioso mundo del simbolismo celta, primero hay que reconocer la importancia del mundo natural en la espiritualidad celta. El paganismo y sus vínculos con la naturaleza, la tierra, los elementos naturales y los espíritus forman la piedra angular de la espiritualidad celta. Por ejemplo, con su fuerza y larga vida, el poderoso roble representa la sabiduría y la resistencia, mientras que los ríos que fluyen y los manantiales sagrados simbolizan los ciclos naturales de la vida. Los celtas creen que la hermosa interacción de estos elementos es esencial para descubrir los misterios más profundos de este mundo.

Los intrincados nudos y espirales de los símbolos celtas, también conocidos como nudos celtas, tienen un significado especial en términos de espiritualidad. Las líneas y círculos entrelazados son representativos de la interconexión de todas las cosas y de la naturaleza eterna de la vida. Aunque estéticamente interesantes, los símbolos celtas no son simplemente motivos decorativos, sino que representan significados espirituales más profundos con temas de unidad, eternidad y misterios divinos. Los celtas realmente creían que el estudio de estos intrincados patrones les ayudaría a desbloquear las capas más profundas de este mundo.

Estudiar el simbolismo celta no solo le dará una idea de la cosmovisión de los antiguos celtas y su rica herencia cultural, sino que también le ayudará a conectarse con sus prácticas espirituales. A medida que se acerca a esta exploración, es esencial ser sensible y tener una mente abierta a las diversas creencias que se discuten en este libro. Debe abordar el tema con un sentido de curiosidad en lugar de juzgar o ser escéptico. Si bien está bien ser escéptico, es inaceptable burlarse de una cultura, religión o sus creencias. Así que, abra su mente y su corazón a los misterios que le esperan, y deje que el mundo de la espiritualidad celta le cautive.

Capítulo 1: Los antiguos celtas

Se cree que la antigua cultura celta se origina en diferentes tribus que una vez habitaron los territorios de Europa occidental y central desde el año 700 a. C. hasta el 400 d. C. Inicialmente. Estas tribus compartían un idioma, una cultura y una religión. Sin embargo, después de emigrar a varias partes del mundo y traer consigo su rica herencia y cultura, comenzaron a crear una mayor diversidad. El ascenso del Imperio romano suprimió la mayor parte de la cultura celta de varios territorios. Sin embargo, aún sobrevivió en partes remotas de Europa, incluidas Irlanda e Inglaterra, donde todavía se practica. Este capítulo explora la cultura, la sociedad, el arte, la religión, las costumbres bélicas, las prácticas funerarias y otros aspectos de la vida de los antiguos celtas.

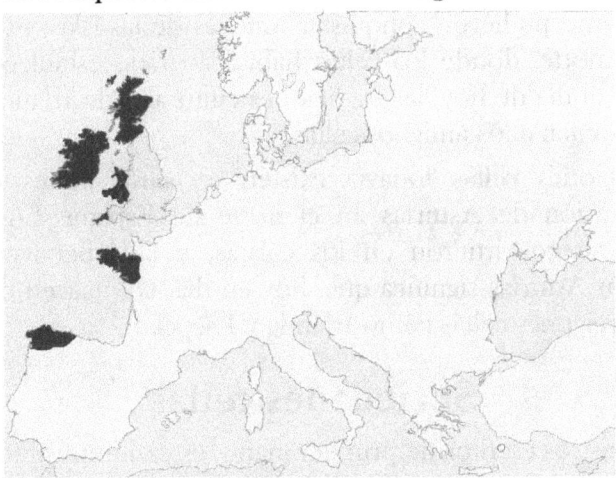

La gente a menudo relaciona a los celtas con el Reino Unido (principalmente Irlanda y Escocia)[1]

¿Quiénes eran los antiguos celtas?

Debido a la falta de registros históricos, el origen exacto de los celtas aún se debate entre los historiadores. A lo largo de los siglos, gran parte de la antigua historia celta se perdió, y lo que se sabe de su cultura se ha reconstruido a partir de tradiciones orales transmitidas de generación en generación y ejemplos supervivientes de su intrincado arte.

Los antiguos celtas eran un grupo de tribus que hablaban las lenguas celtas y vivieron durante la Edad de Hierro. Los historiadores creen que los celtas se originaron a partir de la cultura Hallstatt, que se puede rastrear a través de registros y hallazgos de los artefactos de la Edad del Bronce y principios de la Edad del Hierro. Con el tiempo y debido a diferentes circunstancias, los celtas poblaron múltiples territorios europeos, incluidos los actuales Francia, Italia, Alemania, Polonia, España y Gran Bretaña. Después de su difusión, las tribus celtas se dividieron en grupos como los galos, los britanos, los gaélicos, los celtíberos, los gálatas y otros, creando una gran diversidad entre las tribus y dificultando la definición de su estructura cultural. Además, las tribus a menudo se involucraban en guerras con los romanos, que tenían gran parte de la historia registrada de los celtas, pero estaba teñida de malentendidos sesgados debido al conflicto en ese momento.

Hacia el año 300 a. C., las tribus celtas habitaban la mayor parte de Europa. Después de que los romanos comenzaran una campaña contra los celtas, destruyeron muchas de sus civilizaciones en el continente europeo. Inicialmente, los romanos intentaron invadir la Britania celta. Sin embargo, no pudieron conquistar muchas de las islas, ni las regiones del extremo norte, donde los celtas habían logrado establecer su nuevo hogar. Hasta el día de hoy, las tradiciones culturales de Irlanda, Escocia y Gales se remontan a los antiguos celtas.

Las tradiciones celtas todavía existen en otras partes de Europa, incluida la región de Asturias en el norte de España. Los celtas que vivieron allí se convirtieron en los gálatas, y la supervivencia de sus tradiciones en Asturias significa que, hoy en día, comparten una herencia cultural con regiones celtas como Irlanda y Escocia.

Sociedades celtas

A falta de registros escritos de primera mano, es casi imposible discernir la estructura exacta de la antigua sociedad celta. Dicho esto, a partir de los escritos de diligentes autores romanos, se puede concluir que las tribus celtas seguían un sistema jerárquico que les permitía mantener la estabilidad en sus comunidades. Es probable que este sistema jerárquico tuviera las siguientes clases:

1. **Los gobernantes y guerreros de élite**: una capa limitada de la sociedad con muchos privilegios y deberes.
2. **Los líderes religiosos y los druidas**: los repositorios vivos del conocimiento colectivo de la comunidad celta. También estaban exentos de pagar impuestos o participar en el servicio militar.
3. **La mano de obra especializada de la sociedad.** Entre ellos se encontraban artesanos, agricultores, comerciantes y esclavos. Este era el grupo más numeroso, compuesto por individuos menos educados.

Otro dato fascinante sobre la sociedad celta era cómo trataban a las mujeres. La evidencia histórica sugiere que hubo varias jefas en la Britania celta y también muchas monarcas. Estas poderosas mujeres eran responsables de gobernar a las tribus y llevarlas a la batalla. En las sociedades celtas, los hombres y las mujeres recibían el mismo trato para los elaborados ritos funerarios y las ofrendas. Los hallazgos arqueológicos prueban que la misma cantidad de posesiones que representan un alto estatus fueron enterradas con líderes masculinos y femeninos de muchas tribus celtas.

La sociedad celta de la Edad del Hierro se estructuró en torno a la monarquía. Después de que la sociedad se dividiera en diferentes tribus, cada una fue dirigida por su propio rey. Sin embargo, también eran reyes altos y bajos, los cuales eran elegidos bajo un sistema de tanastria. El sistema de tanastria era una costumbre de larga data entre las tribus celtas, particularmente en Irlanda y Escocia, pero evolucionó y finalmente se transformó en el sistema feudal, que determinaba al hijo primogénito como sucesor de la familia.

Con el tiempo, el sistema de gobierno cambió para incluir a jefes y funcionarios electos. Algunas tribus también tenían un pequeño consejo de ancianos responsables de tomar las decisiones de gobierno en su comunidad. A menudo, dos o más tribus celtas separadas se fusionaban para la ayuda y el beneficio mutuos. Como resultado, una o ambas tribus dependían unas de otras para obtener recursos y sistemas de gobierno. La fusión a menudo era necesaria debido al inminente avance de los romanos y la amenaza que representaban para los celtas.

Los aristócratas celtas utilizaron el sistema de mecenazgo que establecieron con sus seguidores para mantener su estatus distinguido y, a menudo, muy codiciado. Ofrecían a sus simpatizantes hospitalidad, apoyo monetario, diferentes recompensas y protección legal a cambio de trabajo. También se esperaba que siguieran a los aristócratas a la batalla y los protegieran cuando fuera necesario. Los celtas de mayor estatus tenían clientes de diferentes clases. A veces, los jefes y reyes de menor rango trabajaban con aristócratas con un estatus social y poder más altos.

El sistema monetario celta se basaba principalmente en un simple sistema de trueque. Esto implicaba el intercambio de artículos y servicios entre dos o más personas sin dinero. Si bien esto era una gran parte de la sociedad celta, también creía que los celtas usaban alguna forma de proto-dinero. El anillo moneda celta es la moneda más comúnmente referenciada entre los celtas de la Edad de Hierro. Los anillos de oro y cobre eran la moneda común en el sistema que utilizaba el anillo moneda. Estos anillos a menudo se usaban en la ropa o se ataban con cuerdas para facilitar su intercambio de bienes y servicios. Además del dinero del anillo, las campanas de bronce y las cabezas de hacha también sirvieron para ser una moneda primitiva.

Cultura y religión

Los marcadores culturales celtas variaron significativamente entre las diferentes tribus. Todas estas tribus fueron etiquetadas colectivamente como "celtas", lo que algunos historiadores modernos consideran problemático porque las tribus en las diferentes partes del mundo no seguían una tradición unificada. Existían por separado en territorios dispersos, y la cultura celta se extendió y evolucionó con el tiempo. Cambió más drásticamente durante la Edad de Hierro europea debido a sus interacciones con otras culturas y sistemas de creencias y a las continuas migraciones. Inicialmente, probablemente tenían los mismos antecedentes culturales, creencias y costumbres. Sin embargo, una vez que se dispersaron tanto que las tribus ni siquiera estaban en contacto directo entre sí, tenían cada vez menos elementos culturales en común.

Los historiadores convienen que la cultura celta se originó a partir de tres grupos culturales principales estrechamente relacionados entre sí. Estos grupos tenían las facetas indoeuropeas prominentes en las que se basa la cultura celta (y varias otras culturas paganas europeas). El primer grupo, la cultura de los campos de urnas, se remonta a finales de la Edad del Bronce. Reciben su nombre por su práctica generalizada de almacenar los restos cremados de sus muertos en urnas o enterrar las urnas con los restos. Aunque no hay evidencia arqueológica que demuestre la existencia de este grupo, esta tradición fue posteriormente ampliamente adoptada por las tribus celtas. La herrería se hizo más prominente después de la transición de la Edad del Bronce a la Edad del Hierro. Esto también se evidenció en los cambios en la cultura celta.

Llamada así por el lugar de nacimiento de su tribu original en Austria, la cultura de Hallstatt se dispersó rápidamente por Europa, conquistando territorios como Suiza, Austria, Alemania, Francia y Bohemia. La rápida dispersión de esta cultura por Europa se atribuye a factores como el comercio, los matrimonios, las alianzas tribales y la migración. También se sabe que estas tribus tenían una gran cantidad de depósitos de sal, hierro y cobre, y dominaron cómo comerciar con ellos a través de las vías fluviales. Por ejemplo, llevaban sus mercancías al Mediterráneo y las intercambiaban por joyas de oro y ámbar. Esto se ve subrayado por la cantidad de estos objetos extraños encontrados en los túmulos funerarios de Hallstatt. Desafortunadamente, debido a la propagación de otras culturas y tribus y a la competencia, la reserva de recursos finalmente se agotó, lo que llevó a la desaparición de la cultura de Hallstatt, que se extinguió a principios del siglo V a. C.

El tercer grupo cultural ligado a las raíces de la antigua cultura celta es la cultura La Tene, llamada así por su presunta zona de origen en Suiza. Este grupo de tribus fue probablemente el más diversificado de las tres culturas. Había, sin embargo, algunas similitudes con las otras dos culturas en el arte, la religión y el idioma. La influencia de la cultura de La Tene se extendió por Europa occidental y central, desde Irlanda hasta Rumanía. Varios aspectos de la vida cotidiana de estos grupos se abrieron paso en la vida de las futuras tribus celtas, incluida la herrería, el arte de estilo arremolinado, las ofrendas hechas con agua y la deposición de armas en las tumbas.

Entre todas las tribus celtas posteriores, los gálatas y los britanos fueron las dos más prominentes en el establecimiento de las bases de la cultura celta. Los gálatas vivían en la región de Asturias (norte de España en los tiempos modernos). Esta tribu había luchado con éxito contra los intentos de invasión tanto de los romanos como de los moros. Los moros se estaban extendiendo a las regiones cercanas en ese momento y ya gobernaban gran parte del actual sur de España. Las tradiciones celtas gálatas tienen un papel muy importante en las celebraciones y rituales celtas. Las características culturales de las tribus gálatas se parecían mucho a la cultura celta anterior, con muchas similitudes en el arte y el simbolismo. Por ejemplo, las tribus gálatas a menudo participaban en tradiciones que incluían instrumentos musicales similares a los utilizados por las tribus celtas en otras partes de Europa, particularmente en Irlanda y Escocia.

Los britanos y los galos, las otras dos tribus celtas posteriores, se asentaron inicialmente en el noroeste de Francia (actual Bretaña). Dado que estaban más aislados que los celtas en otras partes de Europa, otras culturas no amenazaron a estas tribus y lograron conservar la mayor parte de la cultura de sus antepasados. Muchos de los festivales que se celebran se remontan a las antiguas costumbres celtas de honrar a la naturaleza y a las deidades. Si bien los romanos inicialmente no lograron invadir a los britanos, más tarde tuvieron éxito en sus intentos, empujando a los britanos a las islas cercanas a Gales y Cornualles y al norte hasta Escocia.

Las lenguas de los antiguos celtas provienen de la cultura celta. Algunos de estos idiomas todavía se usan hoy en día, como el galés. Aproximadamente un millón de personas en todo el mundo hablan galés, mientras que otros idiomas, como el córnico, tienen menos hablantes.

Guerra y artesanía

La guerra estaba profundamente entrelazada con el arte, la religión, el estilo de vida y la estructura social celtas antiguos. Los celtas adquirieron rápidamente una reputación guerrera entre las otras culturas del mundo antiguo. Sin embargo, gran parte de su reputación bárbara les fue atribuida por los romanos, que tenían la intención de hacer que los celtas parecieran mucho más aterradores e incivilizados de lo que realmente eran. Los metalúrgicos celtas utilizaban el hierro, el bronce y el oro con tremenda habilidad, y muchas de sus innovaciones tecnológicas llegaron al campo de batalla. Algunas de las técnicas modernas de metalurgia provienen de la metalurgia celta. Sin embargo, cuando se trataba de estrategias de guerra, los guerreros celtas estaban menos organizados de lo que los romanos los describían.

Los enterramientos celtas ofrecen una gran cantidad de información sobre el desarrollo de su cultura guerrera. La práctica de enterrar a los miembros prominentes de la sociedad con objetos relacionados con su estatus (líderes y personas más ricas) y la guerra (en el caso de los guerreros) se origina con los celtas. Los hallazgos arqueológicos han revelado que los enterramientos de guerreros celtas se pueden diferenciar de otras tumbas en cementerios prehistóricos por su elaborada construcción y la abundancia de elementos adicionales que contienen.

Los guerreros celtas a menudo eran enterrados con su caballo y sus armas. Los hallazgos arqueológicos también indican que vehículos como carros o carretas también llegaron a los túmulos funerarios de los guerreros celtas. A veces, los objetos enterrados eran propiedad del difunto en vida. En otras ocasiones, el entierro fue el resultado de las creencias y tradiciones locales. Por ejemplo, colocar ciertas armas (una espada, un casco o una lanza) o posesiones personales de los jefes tenía un significado religioso para algunas tribus celtas.

En toda Europa, los celtas eran conocidos por su ingenio artístico y se les atribuye la creación de intrincadas tallas de piedra y delicados accesorios de metal. La creación de la panoplia (armadura) era uno de los puntos fuertes del artesano celta. Como lo demuestran los hallazgos arqueológicos y los escritos romanos sobre los celtas, los antiguos guerreros celtas iban a la batalla armados con escudos, lanzas y espadas. Sus escudos eran largos y ovalados para proteger las partes vitales del cuerpo y, a menudo, estaban adornados con grandes protuberancias de bronce o hierro (tachuelas en el medio del escudo). Las espadas, que se llevaban en la cadera o en el costado, estaban unidas a una cadena de hierro o bronce. Las lanzas utilizadas por los celtas variaban desde las más ligeras adecuadas para el combate directo hasta las más pesadas que hacían las veces de lanzas. Al principio, la armadura celta estaba hecha de tela o cuero, pero fueron reemplazada por camisas de cota de malla alrededor del siglo IV a. C. Las cotas de malla presentaban pequeños círculos de hierro entrelazados, lo que las hacía más livianas y permitía a los guerreros mucha más libertad de movimiento. Surgieron camisas con tirantes anchos para ayudar a redistribuir aún más el peso de la camisa de cota de malla. Esto también agregó protección adicional al hombro y la espalda.

Los pectorales también se usaban entre los guerreros celtas en los siglos VI y VIII a. C. También hay registros de que los celtas usaban cascos. A pesar de la creencia popular, los primeros tocados celtas solo se usaban durante las ceremonias. En lugar de protección, representaban un símbolo de estatus. Fabricados con materiales caros y pesados como el bronce, el hierro, el oro y el coral, está claro que eran demasiado poco prácticos para llevarlos durante una batalla. Sin embargo, eran aún más adecuados para hacer que el portador se destacara en las ceremonias.

Dado que los cascos celtas se volvieron más prácticos en el período posterior, se presume que su uso también se transfirió al campo de batalla.

Simbolismo del arte celta

Se cree que el arte celta proviene de la Edad de Hierro indoeuropea, mucho más antigua. Sin embargo, algunas partes del arte celta también se remontan a las naciones vecinas como los romanos, griegos, etruscos, escitas y tracios. La ropa y los accesorios fueron el testimonio más destacado del arte celta que se presentaba en la vida cotidiana. A finales de la Edad del Hierro, los plebeyos usaban pantalones largos de lino o lana (dependiendo de la temporada) con túnicas de manga larga hechas de un material similar. Sin embargo, las personas adineradas de la sociedad a veces tenían ropa hecha de seda adornada con diseños intrincados. En invierno, llevaban capas aseguradas con accesorios con diferentes símbolos. Los broches y brazaletes eran populares en todas las épocas del año. El *torc* celta fue probablemente uno de sus accesorios más destacados, con un collar de metal (típicamente dorado) alrededor del cuello. Estos se utilizaron para identificar a los miembros de alto rango de la sociedad.

Los celtas crearon intrincadas piezas de arte en diversos medios, desde cerámica y joyería hasta figurillas de animales y calderos ornamentados. Trabajaron principalmente con piedra, hierro, bronce y oro de origen local para las piezas principales. Si bien las decoraciones estaban hechas de materiales importados como el vidrio, el coral y el ámbar, la decoración representa símbolos que deben atribuirse a las tradiciones celtas.

Uno de los símbolos celtas más famosos es el *trisque*. Representa tres espirales creando una simetría rotacional única. El *trisquel* aparece comúnmente en el arte y las tradiciones celtas. También se asocia con las tradiciones celtas o paganas contemporáneas. Hay varias versiones de este símbolo. Por ejemplo, las tres espirales se pueden representar con tres patas dobladas.

Los druidas

Los druidas eran una clase de personas altamente educadas dentro de la antigua sociedad celta. Sus filas incluían médicos, filósofos, poetas, matemáticos y líderes espirituales. Además de ser un grupo de élite, los druidas crearon un legado basado en el extenso conocimiento que han acumulado a lo largo de su vida. Al igual que la cultura celta, el druidismo también se conservó y evolucionó. Con el tiempo, los druidas se asociaron con la magia, las habilidades misteriosas y el espiritualismo profundo. La historia de la evolución en la sociedad druídica siguió el desarrollo de la civilización celta.

Los druidas eran considerados una parte esencial de la comunidad celta y, a menudo, eran buscados por su sabiduría, para resolver diferentes problemas a los que se enfrentaban los miembros de la tribu o la comunidad. La palabra druida se remonta a las palabras latinas y galas *druidae* y *druides*. La palabra se puede dividir en dos palabras celtas, *dru* y *wid*, que se traducen como árbol y sabiduría, respectivamente. La palabra refleja la importancia de los árboles en el espiritismo y la sociedad celta. Según otras fuentes, la palabra druida también puede significar mago y hechicero, una referencia a los poderes místicos que poseían los druidas según las sociedades celtas posteriores.

Los antiguos druidas se clasificaban en un sistema jerárquico estructurado basado en el rango y la profesión. Cada clase de druidas tenía un color específico asociado con su estatus, que también simbolizaba su papel en el sistema druida. Los druidas más viejos y sabios tenían túnicas de color dorado. Estos eran conocidos como los *archidruidas* y a menudo eran consultados cuando un líder tenía que tomar una decisión que afectaba a toda su comunidad. Los druidas ordinarios o generales vestían túnicas blancas y generalmente actuaban como sacerdotes o maestros. Los druidas guerreros llevaban túnicas rojas y también se les conocía como sacrificadores. Las túnicas azules eran usadas por los druidas artísticos clasificados como *bardos*. Los nuevos reclutas vestían túnicas marrones o negras. Las diferentes clases de druidas tenían patrones de vida variados basados en el ciclo natural que se les enseñaba a seguir. Entre esos patrones estaban seguir los ciclos lunares, solares y estacionales, y celebrarlos con los eventos apropiados.

Folklore celta

La mitología celta es una fuente fascinante de elementos folclóricos que emanan de antiguas culturas celtas como la irlandesa, la galesa y la gala. Desafortunadamente, muchos mitos celtas solo fueron registrados por los conquistadores romanos durante la época medieval, y fueron alterados.

Dicho esto, se sabe que los antiguos celtas adoraban un panteón de deidades mucho más grande que sus sucesores. Dependiendo de la ubicación, estos dioses y diosas a menudo tenían diferentes nombres y características. Algunos eran ampliamente honrados por todos los celtas, mientras que otros eran solo deidades regionales celebradas en comunidades más pequeñas.

La creencia de los celtas en muchas deidades se derivaba de los roles que desempeñaba cada uno de estos dioses. Sin embargo, los detalles de la religión politeísta celta son objeto de debate porque los celtas no registraron sus prácticas religiosas. Gran parte de las descripciones de estas costumbres provienen, una vez más, de fuentes literarias romanas.

Algunas de las deidades del panteón celta incluyen:

- **Aengus**, el dios del amor y la poesía.
- **Badb**, una diosa de la guerra.
- **Brígida**, la diosa de la fertilidad.
- **Cernunnos**, la deidad.
- **Dagda**, el jefe celta convertido en deidad.
- **Lugh**, el dios de la justicia.
- **Morrigan**, otra era una diosa / un aspecto de Badb.

Con algunas variaciones entre las diferentes regiones y tribus, los componentes de la antigua cultura celta incluían:

- El uso de arboledas, ríos, manantiales y otros sitios naturales sagrados para ceremonias y rituales que involucran la reverencia de la naturaleza, las deidades que gobiernan a los espíritus y otras entidades.
- Ofrendas frecuentes dedicadas a diferentes deidades, pidiendo bendiciones, protección o poderes curativos. Las ofrendas incluían animales sacrificados, armas y alimentos.
- Una fuerte reverencia por la vida después de la muerte: a menudo depositaban objetos de valor y bienes cotidianos en las tumbas de los difuntos.
- Las ceremonias religiosas a menudo eran dirigidas por druidas y otros miembros de tribus muy distinguidos.
- Una firme creencia en los poderes protectores de los tótems, tabúes y sacrificios, especialmente en tiempos de necesidad.

Capítulo 2: Creencias y simbolismo celta

El simbolismo celta se puede definir como un conjunto de signos y símbolos utilizados por los celtas para comunicar sus creencias, cultura y espiritualidad. Además de representar una poderosa relación entre signos e ideas, el simbolismo celta es también una representación única de la conexión de los celtas con el mundo natural. Desde una perspectiva histórica, el simbolismo celta se remonta a los antiguos celtas. Comprender los símbolos en el contexto de la espiritualidad celta y el paganismo puede ayudarle a ver quiénes eran los antiguos celtas y cómo vivían. Al observar estos símbolos, puede profundizar su conexión con el mundo natural, aprovechar la sabiduría de la tradición celta y usarla en su vida cotidiana.

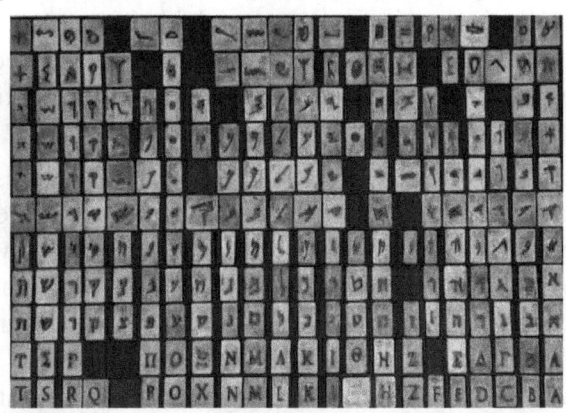

Los celtas utilizaban símbolos y gestos para comunicarse y difundir su cultura[2]

El panteón celta

El sistema de creencias politeísta de los celtas incluía la reverencia por un gran número de deidades. No hay registros escritos de cómo se adoraba a estos dioses y diosas. Sin embargo, los hallazgos arqueológicos proporcionan pistas sobre las variaciones y los puntos en común en el culto que existieron a través del tiempo y el espacio y entre las muchas tribus celtas antiguas. Por ejemplo, hay evidencia de que los celtas a menudo usaban sitios naturales como arboledas, manantiales y claros en espacios elevados para realizar rituales y hacer ofrendas a sus deidades.

Hoy en día, los historiadores afirman que el panteón celta cuenta con más de 400 deidades. Si bien algunos de estos seres fueron imaginados en un momento dado con características similares a las humanas, la mayoría de ellos se consideran entidades sobrenaturales que aparecen en su propia forma única. Algunas deidades adoradas por los celtas eran similares a las veneradas por otros sistemas de creencias europeos. Sin embargo, los celtas a menudo los hacían suyos dándoles diferentes nombres mientras mantenían los mismos atributos, responsabilidades y poderes. Otras deidades eran completamente locales, a menudo aparecen en los mitos de tribus más aisladas del resto de las tribus celtas y otras religiones en general. Para complicar aún más el asunto, a las deidades celtas se les dieron poderes y asociaciones que se superponían con los de otros dioses y diosas del panteón celta. Dicho esto, estos atributos superpuestos son exclusivos de la cultura celta.

Afortunadamente, el simbolismo celta también puede ofrecer más pistas sobre el papel de las deidades celtas en las culturas de sus seguidores. Las inscripciones utilizadas para los rituales durante el culto y las prácticas funerarias sugieren que las deidades tenían un poderoso control sobre la vida de las personas. La mayoría de las veces, venerar a una divinidad en particular era necesario para mantener el bienestar de la tribu.

Muchos dioses y diosas estaban vinculados a lugares naturales y fenómenos como el sol, el agua y los rayos, lo que indica que proporcionaban sustento, curación y un medio de supervivencia. En los tiempos de los antiguos celtas, encontrar comida y asegurar una cosecha abundante era una preocupación bien conocida, y se recurría a muchas deidades para que ayudaran con la caza en general e incluso para animales particulares como jabalíes y ciervos y la cosecha. Otros estaban asociados con la guerra, las familias y las tribus y se les pedía protección y orientación para derrotar al enemigo y preservar la vida de las personas.

Una de las deidades celtas más veneradas era Lugh (o Lugus, como lo conocen los celtas contemporáneos), el dios del sol y la luz. Según muchos mitos, es muy sabio y todo lo ve, lo que lo convierte en una de las deidades celtas más influyentes. Si bien rara vez se le representa en el arte, Lugh tiene varios sitios históricos y lugares modernos que llevan su nombre. Cerunnos, por otro lado, es una deidad celta que aparece a menudo en el simbolismo y el arte celta. Conocido como el dios, Cerunnos se representa sentado en su magnífico trono, con cuernos o astas en la cabeza. Su tocado es una clara indicación de su asociación con su naturaleza animal.

Curiosamente, varias deidades celtas tenían un triple papel o eran vistas como tres deidades asociadas con el mismo aspecto natural o faceta de la vida. Algunas diosas tienen nombres, pero representan tres aspectos diferentes de la misma deidad. Por ejemplo, el panteón celta tiene tres diosas madres que representan la fertilidad, la fuerza y el poder. Estas diosas eran patronas de las madres, los niños y la madre naturaleza. Del mismo modo, otros grupos como los pescadores, los metalúrgicos y los bardos tienen sus propias deidades patronas.

Además de tener deidades que vigilaban ciertos aspectos de la naturaleza, los celtas también encontraron fundamental adorar a los animales y las plantas como seres sagrados con cualidades protectoras. Hay evidencia de caballos, jabalíes, ciervos, toros y árboles que aparecen como símbolos de protección en armaduras, armas y objetos cotidianos celtas. Los animales y las plantas también se consideraban sagrados en la vida real, y cualquier ofensa a ellos era punible, y no solo en la antigüedad. Por ejemplo, en Irlanda, hay seis árboles sagrados.

Los amuletos celtas ofrecen intrincados símbolos de la naturaleza, lo que los hace perfectos para la protección de los vivos y los difuntos (mientras viajan al otro mundo). Se encontraron amuletos en varios túmulos funerarios, lo que indica que los que estaban en el lugar de entierro tenían que ser protegidos en el reino espiritual. Los símbolos protectores celtas más extendidos son las ruedas, los zapatos, los escudos y las hachas.

Cosmología y lugares sagrados

Al igual que en su contraparte nórdica, el mundo tiene tres partes en la cosmología celta: el cielo, la tierra y el otro mundo. En el centro del mundo se encuentra el árbol del mundo, o el árbol de la vida, como lo conocen los celtas. Las ramas más altas del árbol alcanzan el cielo, mientras que sus raíces se adentran en el otro mundo. Este último está rodeado de agua, de la que el árbol obtiene sustento. Debido a esto, los celtas consideran los cuerpos de agua como puertas al otro mundo. No solo hay muchos túmulos funerarios ubicados cerca del agua, sino que también son lugares de culto profundamente venerados.

Los celtas creían que los manantiales albergaban seres sobrenaturales como hadas, ninfas y espíritus. La reverencia por los manantiales y sus habitantes se refleja en los hallazgos arqueológicos asociados con los celtas. Hay numerosos sitios donde los arqueólogos desenterraron piedras, huesos de animales y artefactos celtas cerca de los manantiales. Todavía se cree que algunos de estos manantiales tienen poderes curativos asociados con una deidad en particular. Según las leyendas, los lagos eran los mejores lugares para contactar con los espíritus, dioses y diosas del otro mundo. A partir de los hallazgos arqueológicos en varios lagos, se puede deducir que la gente ofrecía sacrificios a los espíritus aquí. Hay hordas enteras de objetos que la gente ha arrojado a los lagos con la esperanza de convocar a los espíritus. Los ríos en los lugares donde vivían los antiguos celtas a menudo llevan el nombre de deidades celtas asociadas con poderes como la protección, la curación y cualquier otra cosa que los celtas requirieran para navegar por sus vidas. A veces, los guerreros ofrecían sus escudos a los dioses para honrarlos o apaciguarlos porque algunas de las deidades celtas tenían una naturaleza volátil.

Las tierras pantanosas también tienen aspectos sagrados, según los celtas. Por lo general, se asocian con la protección y los seres sobrenaturales como las hadas y, a menudo, se usaban para rituales y ofrendas. Algunas evidencias arqueológicas sugieren que las ciénagas también sirvieron como lugar de descanso final para bardos, druidas y aquellos que se adentraron en la magia y otras artes misteriosas.

Además de manantiales, ríos y ciénagas consagrados, los celtas tenían otros sitios naturales que consideraban sagrados. Las montañas, las cimas de las colinas y las arboledas a menudo servían como sitios rituales. Según la tradición oral, a los druidas les resultaba especialmente propicio utilizar estas vistas para acumular sabiduría y poder. El roble es uno de los árboles que los celtas consideraban sagrados. Además de proporcionar sombra para que la gente se reúna durante los ritos y ceremonias, a los robles también se les atribuyen poderes liminales. Representaba una conexión entre este reino y todos los demás reinos, lo que se evidencia por el hecho de que el roble se usa a menudo para simbolizar el árbol de la vida en el arte celta.

Algunos lugares sagrados conectados a la tierra eran completamente naturales, mientras que otros eran hechos por el hombre. Hay varios sitios donde los arqueólogos encontraron piedras y cuencos enterrados en el suelo. Este último era probablemente para recolectar ofrendas y realizar sacrificios de animales y adivinaciones. La mayoría se encontraron en campo abierto, en claros o rodeados de bosques. Los sitios sagrados artificiales también incluían círculos de piedra, puertas y monumentos similares. En algunos lugares, los huesos de animales dentro de las piedras ofrecen evidencia de que se hicieron sacrificios de animales para proteger el sitio y a quienes lo usaban de influencias espirituales maliciosas. Las arboledas sagradas utilizadas por los druidas tenían aspectos similares, ya que también estaban hechas por el hombre y tenían elementos protectores y potenciadores del poder.

Ciertos lugares sagrados en conexión con la tierra también ofrecían un vínculo con el cielo. Estos eran monumentos más altos, ya fueran naturales, como las cimas de las montañas, o hechos por el hombre. Esto último fue característico de períodos posteriores cuando los celtas comenzaron a construir templos imitando las tradiciones espirituales y religiosas de otras culturas. En un entorno natural, los monumentos naturales hechos por el hombre tenían solo unos pocos elementos artificiales. Por ejemplo, la gente hacía una hendidura en una roca natural que se encontraba en un claro y la usaba para rituales, adivinación y otros fines. En Escocia e Irlanda, hay varios de estos sitios donde se cree que los reyes celtas proclamaron su reinado o se dirigieron a la gente antes de una batalla u otro evento crítico en sus vidas.

Si bien más tarde, los celtas comenzaron a preparar sitios sagrados en entornos más urbanos, estos lugares todavía tenían un poderoso vínculo con la naturaleza. Los monumentos construidos especialmente en la tierra simbolizan la conexión de las personas con la tierra. Mientras que los santuarios y templos se erigieron para potenciar su conexión con las deidades. Las estructuras megalíticas erigidas por civilizaciones anteriores también inspiraron a los celtas a crear sus propios sitios religiosos transformando la estructura más antigua en función de sus necesidades. Los sitios sagrados celtas con un claro rectangular o cuadrado rodeado de canales artificiales excavados en la tierra fueron revelados en Bohemia, Francia y el sur de Alemania. Los canales representaban el perímetro del sitio. Algunos incluso contaban con una puerta en el este. Los historiadores plantean la hipótesis de que el espacio desnudo en el medio estuvo lleno de postes de madera estratégicamente colocados que los celtas usaron para registrar eventos monumentales. Probablemente adornaban los postes con símbolos que representaban fenómenos naturales, nombres y ocupaciones de personas, guerras y más. Otros piensan que algunos postes de madera actuaban como vigas de soporte para los templos. Algunos postes tenían profundos ejes tallados en ellos para las ofrendas votivas. Los hallazgos arqueológicos de los siglos II y I a. C. indican que los celtas también usaban artículos hechos con cerámica y orfebrería en los sitios de sacrificio. Estos artículos tenían símbolos asociados con deidades, espíritus y el mundo natural.

Los templos celtas de piedra más antiguos se construyeron en el siglo IV a. C. Estos presentaban amplias puertas adornadas con los primeros símbolos celtas. Su techo a menudo estaba hecho de ramas entrelazadas (haciendo referencia a la reverencia celta hacia los árboles) unidas con arcilla y cal. La creencia celta sobre el alma que reside en la cabeza también se mostró con las máscaras ornamentadas que los celtas usaban para decorar sus antiguos templos. Después de ser conquistados por los romanos, los celtas pasaron a erigir templos con elementos arquitectónicos romanos clásicos. Sin embargo, encontraron una manera de rendir homenaje a los antiguos dioses con adornos sin rasgos distintivos cubiertos de torques de metal. Antes de eso, era raro que los celtas representaran deidades a través de monumentos de piedra. Si lo hacían, se trataba de simples pilares de piedra erguida o tallas convertidas en cúpulas adornadas con las representaciones de la cabeza (y, a través de ella, el alma) y la naturaleza. Este último se representaba a través de símbolos de plantas, árboles y otros diseños vegetales.

Simbolismo en rituales y ofrendas

Los rituales celtas a menudo se llevan a cabo para honrar a la naturaleza, los espíritus y la vida después de la muerte, y las deidades. Los ritos que siguen el cronograma basado en los ciclos de la naturaleza, las fases de la luna y otros cuerpos celestes ofrecen una poderosa conexión con estos elementos. Cada uno tenía una naturaleza cíclica, que los celtas asociaban con el ciclo de la vida.

Se recitaban encantamientos y oraciones a las deidades, y se les hacían ofrendas votivas desde la antigüedad. A veces, el simbolismo del culto a la deidad estaba ligado a otras creencias. Por ejemplo, en Escocia e Irlanda, hay varios sitios donde se erigieron lugares de culto y rituales cerca de los túmulos funerarios. En estos lugares, varios montículos representan las tumbas de individuos importantes cuyo poder podría haber sido utilizado para potenciar rituales y ceremonias. Estos lugares aún tienen visitantes que dejan pequeñas ofrendas con la esperanza de obtener empoderamiento, orientación o recuperación de dolencias.

Curiosamente, a diferencia de los objetos encontrados en los cementerios, los objetos en los lugares de culto parecían estar rotos. Se cree que esta era la forma que tenían los celtas de denunciar el objeto y afirmar que ahora pertenecía al dios, diosa o espíritu al que se lo ofrecían.

Si bien las fuentes romanas y otras fuentes literarias sugieren que se practicaban sacrificios humanos entre los antiguos celtas, hay poca evidencia de si esto era cierto o simplemente la forma en que Roma hacía que los celtas parecieran más bárbaros. Los sacrificios de animales eran comunes, pero incluso estos rituales han sido descartados a lo largo de los siglos. Ya sea que los antepasados fueran enterrados o quemados, los paganos celtas contemporáneos solo ofrecían partes de animales que desechaban después de preparar el resto para una comida.

Además de la protección, los antiguos celtas también utilizaban sacrificios de animales para la adivinación. Diferentes partes de animales se asociaron con aspectos distritales de la vida y, en base a esto, ofrecieron pistas sobre los eventos futuros en estos aspectos.

Una forma única de ofrenda era el entierro de objetos. A menudo eran enterrados en terrenos poco profundos después de que se les ofrecieran bienes preciosos para una causa. Varios objetos (como torques, monedas y collares) fueron atados o cubiertos con un trozo de tela antes de ser depositados en el suelo. A menudo, los artículos se ofrecían y se enterraban en el mismo sitio (no en la misma fosa, sino en otras cercanas) durante muchos años. La cantidad de objetos encontrados en estos lugares implica que el área era considerada sagrada. A pesar de que inicialmente los vieron como depósitos de seguridad, los historiadores ahora están de acuerdo en que eran parte de un antiguo ritual celta. Es probable que los sitios estuvieran asociados con una deidad, un aspecto protector o curativo de la naturaleza, o representaran un espacio liminal.

Cuando se trata de los túmulos funerarios celtas únicos, estos estaban vinculados a la profunda reverencia de los celtas hacia la vida después de la muerte. Las tradiciones paganas celtas afirman que cuando una persona muere en este mundo, su alma viaja al otro mundo. Sin embargo, cuando una persona muere, nace otra y su alma emerge a la tierra. A veces, aquellos que viajaron al otro mundo se quedan allí para actuar como guías espirituales y protectores, particularmente durante los períodos liminales. Al enterrar a sus muertos en sitios naturales, los antiguos celtas los devolvían simbólicamente a la tierra de donde provenían. Los objetos enterrados con ellos ayudaron a garantizar un viaje seguro y a obtener la ayuda de los dioses del otro mundo.

Otros simbolismos prominentes en la cultura celta

Además del movimiento de la luna, el sol y otros cuerpos celestes, la antigua cosmología celta giraba en torno al simbolismo, incluyendo espirales y ruedas. Ambos están vinculados al ciclo interminable de la vida. Las estaciones giraban cada año como puntos en una rueda gigante, por lo que muchos paganos celtas seguían un calendario llamado la rueda del año.

El simbolismo de las estrellas está ligado a la creencia en la estrella polar, el eje del cielo, que también representaba las puertas de los cielos. Según la mitología celta, a medida que las estrellas se movían alrededor de este eje, formaban una trayectoria en espiral.

Las espirales continuas también están ligadas a la creencia celta de que cuando termina un ciclo, comienza otro. La expansión aparentemente interminable de la espiral también podría denotar que la sabiduría también puede crecer. Se dice que los símbolos por triplicado se atribuyen al poder divino.

Dado que los antiguos celtas basaban su calendario en los ciclos de la luna, su año tenía 13 meses. El doce es similar a los meses de los calendarios modernos, mientras que el 13 tiene solo tres días y solo actúa como una guía para aquellos que se preparan para el próximo año. Además, cada mes tiene un árbol sagrado de Ogham vinculado a él.

Cada una de las cuatro estaciones se celebraba con un día festivo específico, marcando una ocasión trascendental en la vida de las personas. Samhain, que marca el comienzo del invierno y el cese de la caza y la recolección, y Beltane, el festival que da la bienvenida al verano y el comienzo de la verdadera vida en la naturaleza, se celebran tradicionalmente con fuego. Durante estos períodos, el velo entre los mundos se vuelve más delgado, permitiendo que los espíritus del otro mundo vayan y vengan, enviando y llevando mensajes. Imbolc y Lughnasadh son otros dos festivales de fuego que observan eventos como solsticios y equinoccios. Varios sitios rituales están construidos de manera que se alinean con estos puntos de la Rueda del Año.

Alrededor de los festivales, los celtas estaban aún más fascinados por los espacios liminales, como las puertas y las costas, y los consideraban lugares de empoderamiento. A menudo se reunían en la orilla, donde podían establecer una conexión entre el mundo sólido y material y el mundo espiritual fluido. Los festivales también brindan una oportunidad fantástica para que los celtas se acerquen a sus deidades y antepasados.

Árbol de la vida

Este símbolo aparece con frecuencia en el arte y se usa ampliamente en rituales, ceremonias o formas de vida celtas en general. Hoy en día, puedes verlo en joyas, talismanes e incluso tatuajes. Sin embargo, su significado va mucho más allá de ser un diseño estéticamente agradable. El árbol de la vida representó una conexión con el mundo natural durante miles de años. Dado que los árboles son siempre una fuente vital de alimento, refugio, leña y medicina para la humanidad, es fácil ver por qué un árbol puede tener un simbolismo significativo en la cultura celta.

Se cree que los druidas jugaron un papel fundamental en dar a los árboles un significado espiritual. Además de usarlos para rituales y adoración, también sabían que los árboles (especialmente el roble) eran un gran lugar para buscar muérdago, una planta con efectos espirituales de poder.

Después de llegar a nuevos territorios, las antiguas tribus celtas a menudo se asentaban alrededor de un árbol (como un roble), que actuaba como un punto central para las actividades de la comunidad, como rituales y ceremonias. Los celtas creían que formar el asentamiento alrededor del árbol otorgaba a la comunidad sabiduría, fuerza y longevidad. Si te preguntas por qué los robles eran los árboles más comunes utilizados para este fin, la respuesta está en su longevidad. La vida útil de un roble puede alcanzar hasta varios cientos de años.

Otros árboles utilizados como puntos focales o lugares de culto cerca de una comunidad eran los tejos, que viven aún más tiempo, durante miles de años. Hasta el día de hoy, los celtas también creen que, dado que las raíces de los árboles se extienden profundamente en el suelo, esto simboliza la conexión entre el árbol de la vida y el otro mundo. Utilizan los árboles para conectarse con sus antepasados.

Capítulo 3: De la 'a' la 'z' de los símbolos celtas

Este capítulo profundiza en las interpretaciones y significados espirituales de varios símbolos que se encuentran en la mitología, el folclore y la espiritualidad celtas.

Ailm

Ailm es un símbolo de flexibilidad y madurez

Este símbolo proviene de la primera letra de Ogham, que se cree que fue la primera forma de comunicación escrita en la Irlanda celta. Es un símbolo de una conífera de hoja perenne, conocida como abeto plateado. La gente en ese momento se refería a un grupo particular de árboles como Ogham porque pensaban que estas coníferas tenían una cantidad indispensable de sabiduría para compartir. En la mitología celta, los árboles de hoja perenne tienen poderosos poderes curativos y pueden revitalizar el alma humana. Los ailms son símbolos de flexibilidad, rehabilitación, madurez, fuerza, resiliencia y poder interior.

Awen

Awen representa las virtudes de la verdad, el amor y la sabiduría

El símbolo de Awen también se conoce como los tres rayos de luz porque se muestra como tres círculos, cada uno de los cuales representa fuentes o centros de luz, con un rayo que se extiende desde cada uno. Un renombrado poeta galés fue el primero en mencionar este símbolo neo-druida durante el siglo XVIII. Los investigadores, sin embargo, sugieren que la invención del Awen se remonta más atrás.

El término Awen se traduce como esencia o inspiración, por lo que hay varias interpretaciones de lo que representa el símbolo. Algunos practicantes creen que los tres rayos son representativos de la esencia de la vida; aire, mar y tierra. Otros sugieren que simbolizan la esencia de los seres humanos o la mente, el cuerpo y el espíritu. Según algunas interpretaciones, los tres rayos son símbolos de las virtudes más importantes de la verdad, el amor y la sabiduría.

La verdad, la compasión y la comprensión son las tres piedras angulares del despertar y se cree que están representadas por los tres rayos. Mucha gente piensa que la revitalización y el estado de estar presente y consciente provienen de la inspiración. El despertar, sin embargo, va de la mano con la verdad. No puedes buscar la verdad si no estás despierto.

Las interpretaciones más simples del símbolo sugieren que el Awen representa la capacidad de las fuerzas opuestas para existir armoniosamente en el universo. Las energías masculinas y femeninas se representan como los rayos izquierdo y derecho, mientras que el rayo medio simboliza la armonía y el equilibrio que se mantiene entre ambas energías.

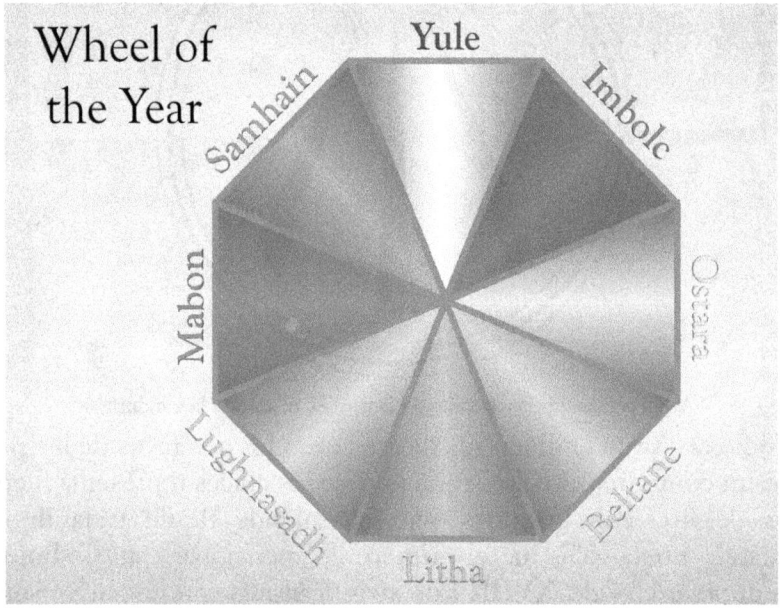

La rueda del año⁴

La rueda del año es un calendario celta que gira en torno a ocho festivales estacionales: Imbolc, Ostara, Beltane, Litha, Lughnasa, Mabon, Samhain y Yule. Cada uno de los ocho sabbats, o festivales, tiene su propio símbolo. Beltane se celebra el 1 de mayo para dar la bienvenida al verano, y la gente reza a las deidades por la abundancia en los cultivos y el buen tiempo. Esta celebración cae justo entre el equinoccio de primavera y el solsticio de verano.

Cruz de Brígida

Este símbolo es uno de los emblemas celtas irlandeses más antiguos y se remonta a la diosa Brígida en el mito celta Tuatha de Danaan. Muchos sugieren que esta deidad se transfiguró más tarde en el santo cristiano de Kildare después de que la religión llegara a Irlanda. Los practicantes creen que pueden invocar las energías protectoras del santo o la diosa si cuelgan este símbolo en sus puertas o en los pasillos.

Una cruz de Brígida está hecha de pajas y juncos[s]

La paja y los juncos se utilizan convencionalmente para tejer la cruz en el sabbat Imbolc, que es el día que celebra a la diosa Brígida. Según la tradición, este símbolo fue inicialmente regalado a su padre en su lecho de muerte. El padre de la diosa sabía que la cruz era un símbolo sagrado, por lo que sintió la necesidad de ser bautizado y morir en pureza.

Nudo de Bowen

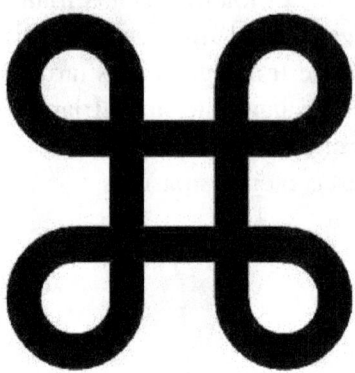

Los bucles en un nudo Bowen simbolizan el amor verdadero, la lealtad y el agua que fluye.[6]

Los nudos celtas son patrones de bucles y nudos que tienen significados simbólicos. El hecho de que no tengan ni principio ni fin simboliza la naturaleza infinita de la vida. Los nudos celtas se remontan al siglo VIII y han sido utilizados por los practicantes para decorar sus espacios y traer ciertas energías a sus vidas. Cada patrón o nudo celta simboliza diferentes virtudes o emociones y tiene interpretaciones únicas.

El nudo de Bowen viene en diferentes formas. Los dos más comunes son un cuadrado con cuatro bucles que apuntan hacia afuera en cada esquina o una cruz con cuatro bucles puntiagudos en cada extremo. Estos bucles simbolizan el amor verdadero, la lealtad y el agua que fluye.

Espiral celta

Las espirales son emblemas del crecimiento y desarrollo espiritual.[7]

Según la mitología celta, las espirales son emblemas del crecimiento y desarrollo espiritual. Las espirales también son símbolos de la energía emitida constantemente por los cuerpos humanos y sus alrededores. También representan el espacio y la naturaleza infinita del universo. La espiral celta sugiere que los seres humanos siempre están en un estado de evolución y experimentan el equilibrio entre sus mentes, cuerpos y espíritus.

A menudo se utilizan para decorar espacios y se representan de diversas formas para transmitir ciertos significados. Una sola espiral que gira en sentido contrario a las agujas del reloj representa el crecimiento y el desarrollo humano a lo largo de la vida. Una sola espiral que gira en el sentido de las agujas del reloj es representativa del agua y el movimiento.

Las espirales dobles simbolizan la naturaleza dual de toda la existencia, representando el equilibrio entre dos fuerzas contrastantes. Lo húmedo y lo seco, lo femenino y lo masculino, y la noche y el día, por ejemplo, pueden representarse mediante espirales dobles. La dualidad de la naturaleza es necesaria para mantener el equilibrio y la armonía. Una doble espiral centrada es un emblema de la armonía y de la luna. Una doble espiral combinada simboliza diferentes direcciones.

Cernunnos

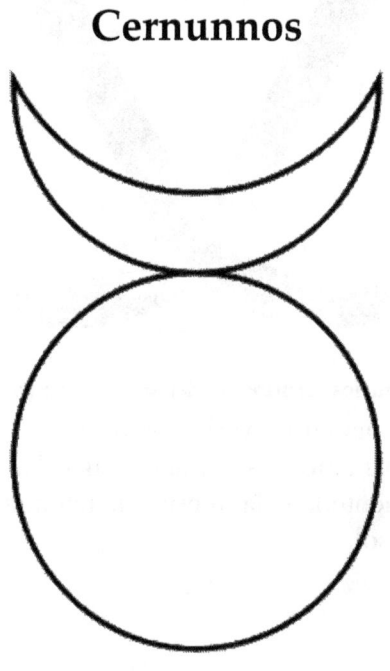

Símbolo de Cernunnos[8]

Los antiguos celtas consideraban a Cernunnos una de las deidades más importantes del panteón, por lo que su símbolo sigue siendo uno de los más populares. Es el dios de la vida, de los animales, de la fertilidad y de los animales salvajes. También es la deidad del inframundo y está asociado con el ciclo natural de muerte y renacimiento. A menudo se ilustra a Cernunnos sentado con las piernas cruzadas y cuernos en la cabeza, y su símbolo es un círculo con una media luna hacia arriba, que simboliza una cabeza con cuernos.

Nudos circulares

Los nudos circulares pueden venir en este patrón

Los nudos circulares vienen en varios patrones y tamaños, dependiendo de la energía que el usuario desee traer a su vida. Los nudos circulares simbolizan principalmente la vida interior, la naturaleza infinita de la vida, el ciclo de la vida y el sol.

Cruz de triquetas

La cruz de triquetras también se conoce como la cruz carolingia[10]

La cruz de triquetras, también conocida como cruz carolingia, simboliza la maternidad, la virginidad, la pureza y la sabiduría. Estas virtudes se consideran los tres aspectos de la diosa. Este símbolo celta también se asocia con la rotación del sol y su posición en el cielo (puesta de sol, salida del sol, cenit, etc.). Algunos relatos históricos sugieren que este símbolo también se utilizó como emblema de la trinidad masculina.

Dara nudo celta

El nudo dara toma la forma de las raíces de un roble

El término *dara* se deriva de una antigua palabra celta que significa roble. Es por eso que el símbolo toma la intrincada forma de las raíces de un viejo roble. Al igual que todos los demás nudos celtas, el nudo dara no tiene principio ni fin. Los robles eran sagrados para los celtas porque estaban asociados con sus deidades y desempeñaban un papel importante en las antiguas leyendas celtas. También eran lugares de culto y se creía que eran puertas de entrada al otro mundo. Se creía que los robles eran fuentes de conocimiento y sabiduría, por lo que la gente a menudo recurría a ellos en busca de orientación. El roble es una fuente de alimento, fuerza interior y sabiduría.

Sello del druida

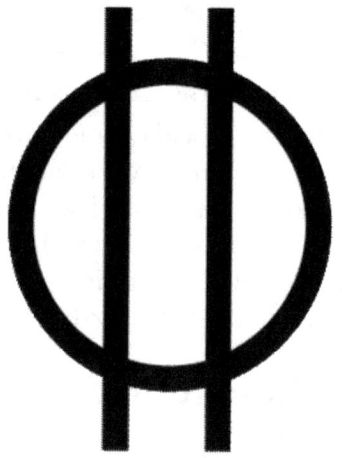

El sello del druida[11]

Un sello del druida toma la forma de un círculo y tiene dos líneas que parecen ramas de árbol en su interior. Los sellos se usan comúnmente en la magia ritual y simbolizan la fertilidad, la reproducción y la madre naturaleza.

Eostre

Eostre, también conocido como Ostara, se celebra en el equinoccio de primavera, generalmente el 20 de marzo en el hemisferio norte. Los practicantes celebran Ostara porque simboliza el equilibrio entre dos climas extremos (verano e invierno) y la luz y la oscuridad porque el día se divide a partes iguales entre el día y la noche durante el equinoccio. Esta fiesta se considera la predecesora de la Pascua moderna.

Nudo de la eternidad

El nudo de la eternidad es importante en muchas religiones y culturas[12]

El nudo eterno es un símbolo importante en muchas religiones y culturas de todo el mundo, como el budismo, el jainismo, el hinduismo, el Tíbet, Buriatia y Mongolia. El nudo celta de la eternidad tiene un aspecto único y suele ser el más popular. El nudo tiene un hermoso diseño que simboliza la eternidad, el amor y las relaciones románticas y no románticas.

Símbolo quíntuple

El símbolo quíntuple representa la espiritualidad y la fe

Si bien este es uno de los emblemas celtas menos conocidos, el símbolo quíntuple es uno de los más significativos. Los cinco círculos entrelazados del emblema simbolizan los cinco elementos básicos tradicionales celtas del universo. El emblema también representa la espiritualidad, Dios, la fe y el cielo, o los cuatro puntos cardinales. El quinto anillo, en cualquier caso, simboliza la armonía, el equilibrio o el universo.

Imbolc

Imbolc, que también se conoce como el día de santa Brígida, tiene lugar el 1 de febrero. Este festival marca el comienzo de la primavera y está justo entre el solsticio de invierno y el equinoccio de primavera. Los practicantes celebran el Imbolc porque es cuando regresa la luz o el sol.

Litha

Este sabbat se celebra entre el 20 y el 23 de junio, marcando el solsticio de verano en el hemisferio norte. Litha es también el día más largo del año y se celebra por su fertilidad y abundancia agrícola.

Lugaid

Se trata de un festival gaélico que tiene lugar el 1 de agosto, marcando el inicio de la temporada de cosecha. Este festival lleva el nombre de la deidad celta Lughnasadh, la deidad de la cosecha, la agricultura y la ganadería, y se celebra en su honor.

Mabon

Mabon se celebra en el equinoccio de otoño entre el 21 y el 24 de septiembre. Al igual que Eostre, esta festividad celebra el equilibrio y la armonía en el universo. Este día se divide perfectamente entre el día y la noche.

Nudo celta cuaternario

Los nudos cuaternarios protegen a los usuarios de la energía negativa[18]

Los nudos con cuatro bucles no eran muy comunes entre los antiguos celtas porque preferían usar nudos circulares o con tres bucles. Los nudos cuaternarios, sin embargo, siguen siendo muy populares porque ayudan a proteger a sus usuarios de la energía negativa. Este nudo es un símbolo de conexión a tierra y apoyo. Ofrece una sensación de paz, confianza y estabilidad.

Samhain

Este sabbat se celebra el 1 de noviembre, marcando el inicio del invierno y el final de la temporada de cosecha. Como Eostre es el predecesor de la Pascua, se cree que Samhain es el precursor de Halloween. Esta festividad está relacionada con los antepasados y el mundo de los muertos.

El pájaro

Se creía que los pájaros eran los mensajeros de los dioses[14]

Los animales desempeñaron un papel importante en la antigua vida celta. Los celtas solían inscribir símbolos de los animales en sus amuletos y adornos para aportar energía y significados específicos a sus vidas. Utilizaron imágenes de pájaros para simbolizar la libertad y cerrar la brecha entre la tierra y los cielos. Se creía que los pájaros eran los mensajeros de los dioses.

El jabalí

Los jabalíes representan tanto la terquedad como la bondad de las mujeres[15]

Este animal tenía dos significados distintos en el antiguo mundo celta. Representaba la terquedad, la persistencia y la fuerza de los guerreros. También se asociaba con la hospitalidad y la amabilidad de las mujeres. La gente disfrutaba de su carne como un manjar.

El toro

Los celtas consideraban sagrados a los toros[16]

Las representaciones de toros se utilizaron para decorar casi todos los hogares celtas antiguos. Este animal era considerado sagrado y era venerado por todos. Se cree que el toro es un símbolo de prosperidad y fertilidad, por lo que la gente quería llevar su energía a sus hogares.

El caldero

El caldero era un símbolo de bienestar[17]

El caldero simbolizaba el bienestar y se asociaba con los banquetes y los asuntos de los muertos. Los antiguos celtas incorporaban grandes calderos en sus ritos funerarios y creían que eran recipientes que transportaban a los muertos al otro mundo. El caldero también era visto como un símbolo de renacimiento y abundancia. Algunos contaban con un caldero que podía alimentar a cientos de soldados y revivir a los guerreros muertos.

La cruz celta

La cruz celta representa los elementos y las direcciones[18]

Este símbolo gaélico muy extendido incorpora un círculo con una cruz en el centro. Este emblema es representativo de los elementos y las direcciones. El sentido de continuidad de este símbolo simboliza el desarrollo eterno de los seres humanos. Los practicantes creían que llevar este símbolo les daría conocimiento y orientación, y los protegería de fuerzas no deseadas, ya que combina el símbolo cristiano de la cruz y el símbolo celta del sol.

El anillo de Claddagh

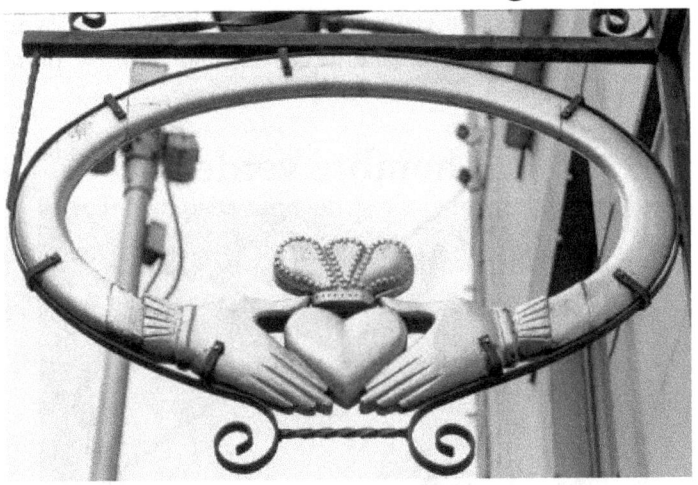

El anillo Claddagh es un símbolo de matrimonio y amor[19]

Este anillo lleva el nombre de la isla en la que fue creado. El anillo Claddagh es un símbolo celta del matrimonio, el amor y las relaciones románticas y no románticas. El anillo consta de un corazón, que se asemeja al amor, y una corona en la parte superior, que es un emblema de lealtad. Llevar el corazón en el dedo simboliza protección, guía y apoyo.

El ciervo

Los ciervos están asociados con el árbol de la vida[20]

El ciervo se asocia con el árbol de la vida porque representa la unidad del universo. El animal es un símbolo de fuerza, y sus cuernos, caracterizados por su capacidad de volver a crecer, significan el poder de la naturaleza. Los antiguos celtas recurrían a la energía de este animal para crecer y revitalizar su espiritualidad.

El hombre verde

El hombre verde es un símbolo de renacimiento.[21]

El hombre verde es un símbolo de renacimiento y se asocia con la primavera. Algunos antiguos celtas creían que esta figura era la protectora del bosque. Según algunos relatos históricos, este símbolo fue eminente en varias leyendas de diferentes culturas. El hombre verde era particularmente importante para la tradición celta porque creían que la naturaleza era sagrada, estaban preocupados en gran medida por la fertilidad de sus tierras y veían la cosecha abundante como un signo de prosperidad.

El nudo del marinero

El nudo del marinero simboliza la naturaleza imperecedera del amor verdadero

El tejido fuerte e intrincado del nudo del marinero simboliza la perseverancia y la naturaleza imperecedera del amor verdadero, independientemente de lo lejos que estén los seres queridos. Este símbolo muestra que el amor verdadero resiste las olas y las tormentas, representando todos los obstáculos que vienen con la vida. Los marineros solían dar estos símbolos en forma de amuletos a sus esposas antes de que zarparan para recordarles su amor eterno. Los marineros también mantenían el nudo de marinero con ellos porque pensaban que tenía energías protectoras y atraía la fortuna de la comida. Creían que llevarlo consigo mantendría el clima estable y los protegería y guiaría durante todo su viaje.

El trébol

El trébol se consideraba una protección contra la energía negativa[22]

Este es el símbolo irlandés más popular hasta el día de hoy. La tradición celta sugiere que san Patricio explicó el concepto de la Trinidad sacando el trébol de la tierra. Los celtas usaban este símbolo para protegerse del mal de ojo, la malicia y las energías negativas. También se utilizaba para atraer la prosperidad y la buena fortuna.

El árbol de la vida

Este símbolo se parece a un árbol rodeado con las manos que se extienden hacia arriba para buscar ramas. Las raíces están sombreadas y conectadas a las manos. Este símbolo es representativo de la armonía y la unidad entre lo terrestre, lo subterráneo y los cielos. Los celtas creían que los árboles eran seres sagrados y servían como portales a los espíritus, los cielos y los antepasados.

Triquetra

Triquetra simboliza la naturaleza de la vida[23]

Los antiguos celtas creían que las cosas importantes venían de tres en tres, por lo que la Triquetra es considerada uno de los símbolos celtas más importantes. Se compone de bucles interminables que simbolizan la naturaleza de la vida, desde el nacimiento hasta el renacimiento. La Triqueta también se asocia con la Santísima Trinidad en el cristianismo.

Triskeles

Este símbolo representa la unidad de los tres elementos del fuego, la tierra y el agua. Está formado por tres espirales y se cree que es el símbolo más antiguo de la espiritualidad. Los triskeles son símbolos del ciclo de la vida o el nacimiento, la muerte y el renacimiento que sigue. También se asocia con la armonía entre los aspectos mentales, físicos y espirituales del yo. El símbolo comunica el mensaje de que todo lo que es importante en el mundo viene en grupos de tres.

Rueda de Taranis

La rueda de Taranis simboliza la rueda de un barco[24]

Este símbolo representa el timón de un barco y está asociado con las deidades, los elementos básicos, el sol y el cielo. Lleva el nombre del dios celta del trueno, Taranis. A menudo se representa a la deidad sosteniendo una rueda en una mano y un rayo en la otra.

Navidad

Yule se celebra entre el 21 de diciembre y el 1 de enero, marcando el solsticio de invierno, el punto medio del invierno. Los practicantes anticipan el nuevo sol y la positividad y abundancia que traería a la Tierra.

Capítulo 4: El calendario del árbol celta

Muchas culturas antiguas estaban fascinadas con la astrología. Tenían curiosidad por descubrir cómo los movimientos de las estrellas o las posiciones del sol podrían influir en la personalidad y el futuro de alguien. Los antiguos celtas no eran diferentes y mostraban un gran interés en los signos del zodíaco. Sin embargo, tenían su propia interpretación de la astrología.

A diferencia del calendario gregoriano, el sistema de árboles celtas se basaba en el ciclo lunar. Los humanos antiguos usaban la Luna como un método para decir la hora y determinar los días, semanas y meses. Los celtas pasaron por varios experimentos y rituales para comprender cómo funcionaba el ciclo lunar hasta que desarrollaron su propio sistema único.

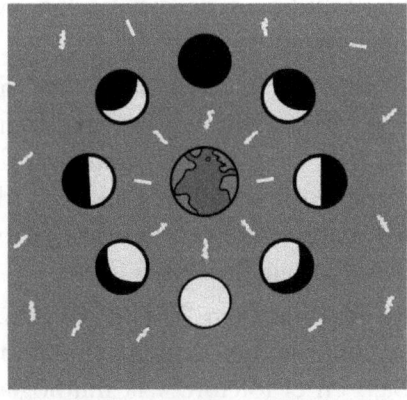

Los celtas basaban su sistema arbóreo en el ciclo lunar[25]

El calendario está dividido en trece meses, y cada uno está vinculado a un árbol asociado con la mitología celta y un alfabeto Ogham (el antiguo alfabeto irlandés que se discutirá en detalle en el próximo capítulo). Estos árboles sagrados están asociados con la magia, la curación, los elementos y las deidades.

Este capítulo cubre el calendario de los árboles celtas y su origen y proporcionará información detallada sobre sus signos del zodíaco.

La historia y la mitología del calendario del árbol celta

Ha habido muchos desacuerdos entre los eruditos sobre el origen del calendario del árbol celta. Algunos creen que no fueron los antiguos celtas quienes lo inventaron, sino el autor y poeta Robert Graves, un estudioso de la mitología irlandesa y celta. Se piensa que creó este sistema en 1948, convirtiéndolo en un invento moderno. Fue influenciado por el calendario del árbol que los druidas diseñaron hace siglos.

Graves utilizó el antiguo "Cantar de Amergin" para crear su sistema. Se trata de uno de los poemas más antiguos del mundo. Sin embargo, está envuelto en misterio, ya que nadie sabe quién lo escribió ni cuándo y dónde se escribió. Graves cree que la canción fue escrita en 1268 a. C. en las islas británicas. Lo tradujo y adaptó las quince consonantes del antiguo alfabeto Ogham a trece letras para que se correspondieran con los trece ciclos lunares que tienen lugar cada año. Graves dividió el calendario en trece meses con veintiocho días cada uno y agregó un día adicional para hacer que el año tuviera 365 días.

La creencia de que Graves fue quien creó el calendario del árbol celta es común entre muchos estudiosos porque no hay evidencia que sugiera que los celtas alguna vez usaron este sistema.

Graves introdujo el calendario en su libro "La diosa blanca", que se centra en la mitología de Oriente Medio, Europa, Irlanda y Gran Bretaña. Dado que no se sabe mucho sobre los antiguos druidas o los celtas, Graves se inspiró en las obras del historiador irlandés Ruaidhrí Ó Flaithbheartaigh. El historiador cubrió la historia de Irlanda, incluidas sus leyendas, mitos y el alfabeto Ogham, en sus libros.

Aunque todo el crédito sea para Robert Graves, no habría podido desarrollar su sistema sin que los druidas sentaran las bases para él. También basó su trabajo en el folclore y la mitología celta y lo combinó con descubrimientos y creencias modernas para crear este brillante calendario.

Mientras que otros eruditos están de acuerdo en que los druidas crearon este sistema, algunos paganos celtas modernos creen que el calendario del árbol existía antes de que los druidas subieran al poder y se convirtieran en el grupo religioso más influyente entre los celtas. Muchos eruditos se inclinan a creer que el sistema de árboles existía antes de los druidas, pero fueron ellos los que lo mejoraron y descubrieron las propiedades mágicas de cada árbol sagrado.

En pocas palabras: el sistema que existía antes de los druidas fue la base en la que basaron su trabajo para crear el calendario del árbol celta, que todavía se usa hoy en día.

Los árboles sagrados asociados con los trece meses tienen una interesante mitología detrás de ellos. Los druidas creían que toda la humanidad era descendiente de los árboles. Cada uno también simboliza un dios o diosa celta y tiene su propio significado y características que influyen en las personas nacidas bajo su mes. Esto se asemeja al concepto de los signos del zodíaco que creen que la posición del sol el día en que nace una persona afecta su personalidad.

El zodíaco del árbol celta

El zodíaco del árbol celta es un sistema de astrología basado en la antigua reverencia celta por los árboles. Los árboles se consideraban sagrados, se creía que contenían sabiduría y poder, y se asociaban con cualidades y características particulares. Cada árbol tiene su planeta regente, animal, piedra preciosa, color, letra Ogham y más. Este sistema zodiacal es más complejo que la astrología occidental y china porque los druidas pasaron años estudiando los árboles. Los antiguos celtas predecían el futuro escuchando a las hojas mientras les susurraban sus secretos. También utilizaron el alfabeto Ogham y los ciclos lunares para determinar las características de las personas.

El calendario del árbol y el mundo natural

La naturaleza siempre ha sido fascinante y ha despertado el interés de todos los poetas y autores. Muchas historias y poemas tienen lugar en torno a la naturaleza, especialmente en los bosques, de ahí los términos bosque mágico o encantado. Antes de la invención de la medicina, las plantas y las hierbas proporcionaban un remedio para todas las dolencias, ya fueran físicas o mentales.

Los árboles son la parte más majestuosa de la naturaleza, son poderosos, únicos y viejos, y la vida sería imposible sin ellos.

Los antiguos y los neo-druidas veneraban a los árboles, celebraban sus ceremonias y meditaban bajo ellos. La palabra "druida" también significa "el conocimiento del roble". Consideraban a los árboles como seres vivos capaces de experimentar diversas emociones y conectar la Tierra con el cielo.

Los druidas eligieron asociar su calendario con los árboles porque creían que la naturaleza era sagrada. Los árboles también cambian de color durante las estaciones, lo que los convierte en la representación perfecta del ciclo de la naturaleza y el cambio de estaciones.

El calendario de los árboles determina las fiestas que celebran los antiguos y los neopaganos para marcar el comienzo de cada estación. Por ejemplo, el festival Samhain celebra el comienzo del invierno y Ostara marca el comienzo de la primavera. Estos festivales se discutirán en detalle en el próximo capítulo.

Ahora que entiende la historia y la mitología detrás del calendario del árbol celta, la segunda parte del capítulo se centrará en los trece árboles sagrados y lo que representan.

Luna de abedul
(24 de diciembre – 20 de enero)

Elementos

Aire y agua.

Estaciones

Primavera y otoño.

Planeta regente

Venus.

Color

Blanco.

Piedra preciosa

Cristal.

Animales

Ciervo blanco y águila real.

Carta de Ogham
Beith (B).
Simbolismo
Regeneración, nuevos comienzos, crecimiento y renacimiento.
Correspondencia
Capricornio.
Mitología
En la mitología celta, el abedul simboliza el amor. Los antiguos celtas colocaban sus ramas sobre las cunas de los recién nacidos para protegerlos del daño y los malos espíritus.
Deidad
Eostre, la diosa de la primavera.
Zodiaco
Las personas nacidas bajo el abedul son motivadas, orientadas a objetivos y ambiciosas. Trabajan constantemente para desarrollarse en diversas áreas de sus vidas. Dado que estos individuos nacen durante la época más oscura del año, buscan constantemente la luz en sí mismos y en los demás. Son capaces de encontrar la belleza allá donde van. Son personas encantadoras que siempre están sonriendo y son pacientes con los demás. Sin embargo, pueden ser líderes fuertes y duros.

Rowan Moon
(21 de enero – 17 de febrero)

Elemento
Fuego.
Estaciones
Primavera y otoño.
Planeta regente
El Sol.
Color
Gris.
Piedra preciosa
Peridoto.

Animal

Dragón.

Carta de Ogham

Luis (izq.).

Simbolismo

Conexión, protección y coraje.

Correspondencias

Piscis y Acuario.

Mitología

Los celtas asociaban este árbol con el éxito, el poder y el crecimiento personal. Solían tallar un amuleto en su ramita y usarlo para protegerse. Algunas culturas plantaron este árbol en los cementerios para que los espíritus de los muertos no se quedaran en el mundo de los vivos, sino que cruzaran al otro lado.

Deidad

Brighid, la diosa del hogar y la fertilidad.

Zodiaco

Las personas nacidas bajo este signo son individuos únicos. Tienen una visión y objetivos por los que trabajan duro. Aunque pueden parecer fríos y distantes por fuera, son extremadamente apasionados y enérgicos por dentro. A menudo tienen ideas creativas y una gran imaginación. La gente puede encontrarlos intimidantes porque pueden tener un exterior duro. Sin embargo, son personas amables y cariñosas que apoyan a los demás.

Luna de ceniza
(18 de febrero – 17 de marzo)

Elementos

Fuego y agua.

Estaciones

Primavera y otoño.

Planetas regentes

Neptuno y el Sol.

Color

Verde.

Piedra preciosa

Coral.

Animales

Gaviota, caballito de mar y foca.

Carta de Ogham

Nion (N).

Simbolismo

Poder, crecimiento y liderazgo.

Correspondencias

Aries y Piscis.

Mitología

El fresno es uno de los árboles más venerados entre los celtas y se considera el rey del bosque. Utilizaban su madera para protegerse de las hadas y sus semillas para realizar adivinaciones. En algunos lugares de Escocia, la gente usaba partes del árbol para protegerse contra la magia negra. Algunos druidas usaban su madera para hacer sus varitas. En la mitología nórdica, el Yggdrasil, el árbol del mundo y el centro del universo, era un fresno.

Deidad

Odín, el dios nórdico de la guerra y la muerte.

Zodiaco

Los nacidos bajo este árbol son tímidos e introvertidos y disfrutan pasar tiempo a solas. Esto los hace parecer misteriosos, y muchas personas los encuentran intrigantes. Cuando los conozcas, descubrirás que son individuos creativos con personalidades atractivas. No se preocupan por nada superficial y a menudo se centran en su mundo interior y su visión. Tienen confianza en sí mismos y nunca se molestan con las opiniones de otras personas sobre ellos.

Luna de aliso
(18 de marzo – 14 de abril)

Elementos
Agua y fuego.

Estación
Primavera.

Planeta regente
Marte.

Color
Rojo.

Piedra preciosa
Rubí.

Animales
Halcón, zorro y oso.

Carta de Ogham
Fearne (F).

Simbolismo
Pasión, paz, protección, sanación, confianza y determinación.

Correspondencias
Aries y Piscis.

Mitología
El aliso es el árbol de la sabiduría, y es favorecido por todas las hadas. Bran el Bendito, el mítico rey de Britania, usó la madera del aliso para protegerlo durante la batalla.

Deidad
Bran, el dios de la regeneración.

Zodiaco
Estas personas son líderes fuertes. Son extrovertidas, encantadoras y cálidas y se llevan bien con todas las personas que conocen. Otros gravitan hacia ellos porque encuentran contagiosa su confianza. Personas apasionadas, siempre están trabajando en algo, ya sea para avanzar en sus carreras o mejorar sus vidas. Prefieren tener conversaciones profundas que discutir el clima.

Luna de sauce
(15 de abril – 12 de mayo)

Elementos
Tierra y aire.

Estaciones
Invierno y verano.

Planeta regente
La Luna.

Color
Amarillo.

Piedra preciosa
Piedra lunar.

Animales
Serpiente marina y liebre.

Carta de Ogham
Saille (S).

Simbolismo
Regeneración, fertilidad y flexibilidad.

Correspondencias
Tauro y Géminis.

Mitología
El sauce se asocia con el crecimiento y la curación. Los celtas lo plantaban cerca de sus casas para protegerse de los desastres naturales.

Deidad
Donn, el dios de la muerte.

Zodiaco
Estas personas son genuinas, honestas, amables, simpáticas, generosas y decentes. Llevan vidas tranquilas y se mantienen alejadas del drama. Son inteligentes, cariñosas, pacíficas y tienen la capacidad de leer a los demás. Son personas educadas que tratan a todos con respeto. Los nacidos bajo este signo tienen un gran sentido del humor y siempre contagian alegría allá donde van.

Luna de espino (13 de mayo – 9 de junio)

Elementos
Aire y agua.

Estaciones
Primavera y otoño.

Planetas regentes
Venus y Marte.

Color
Morado.

Piedra preciosa
Topacio.

Animales
Búho y abeja.

Carta de Ogham
Huathe (H).

Simbolismo
Matrimonio y purificación.

Correspondencias
Géminis y Cáncer.

Mitología
Este árbol se asocia con la protección y el amor. Los celtas se referían a él como el árbol de las hadas porque estas criaturas mágicas lo custodian. De ahí que la gente lo considerara sagrado y lo tratara con amor y respeto.

Deidad
Eostre, diosa de la primavera.

Zodiaco
Las personas nacidas bajo este signo son creativas y apasionadas. Se trata de individuos maduros, que están preparados para lidiar con lo que el universo les depare. Cada vez que encuentran a alguien en problemas, nunca dudan en echar una mano. Son confiables y las personas a menudo gravitan hacia ellos cuando necesitan desahogarse o compartir sus secretos. Tienen la capacidad de ver el panorama general en cada situación y lidiar con todos sus problemas con una gran sonrisa.

Luna de roble
(10 de junio – 7 de julio)

Elemento
Agua.

Estación
Verano.

Planetas regentes
Marte y Júpiter.

Color
Negro.

Piedra preciosa
Diamante.

Animales
Caballo, nutria y reyezuelo.

Carta de Ogham
Duir (D).

Simbolismo
Cuidado, intuición, fuerza y sabiduría.

Correspondencias
Cáncer y Leo,

Mitología

Los celtas consideraban que el roble era el rey del bosque. Se asocia con mitos, rituales y religión. Los druidas lo veneraban mucho y celebraban sus reuniones y rituales bajo su protección.

En una antigua leyenda celta, había un rey llamado Math Mathonwy cuyo querido sobrino Lleu Llaw Gyffes estaba bajo una terrible maldición que le impedía casarse con una mujer humana, por lo que el rey solicitó la ayuda de un hechicero que se hacía llamar Gwydion para crear una hermosa mujer con la que Lleu se casara.

Sin embargo, no era una persona real y nunca tuvo una vida normal, lo que la debilitó, y rápidamente cedió a la tentación. Ella tuvo una aventura con otro hombre, y ambos acordaron matar a su esposo.

Blodeuwedd y su amante atacaron a Lleu, y él resultó herido. Se transformó en águila y buscó refugio en un roble hasta que llegó un hechicero y lo curó. A partir de este día, el roble fue conocido como un lugar para proteger a los débiles.

Deidad

Thor, el dios nórdico del trueno.

Zodiaco

Estas personas hablan por aquellos que no pueden defenderse a sí mismos. Son pacientes, tranquilos, generosos y optimistas que creen que las cosas siempre pueden mejorar sin importar cuán malas sean sus circunstancias en este momento. Son criaturas sociales que siempre están rodeadas de sus seres queridos.

Holly Moon
(8 de julio – 4 de agosto)

Elementos

Agua y fuego.

Estaciones

Verano.

Planeta regente

Tierra.

Color

Plata.

Piedra preciosa

Cornalina.

Animales

Unicornio y gato.

Carta de Ogham

Estaño (T).

Simbolismo

Optimismo, fuerza y protección.

Correspondencias

Cáncer y Leo.

Mitología
Los antiguos celtas utilizaban la madera del acebo en hechizos protectores y para atraer la buena fortuna.

Deidad
Thor, el dios del trueno.

Zodiaco
Estas personas son personas nobles que tratan a los demás con respeto. Son fuertes y seguras de sí mismas, lo que las convierte en líderes natos. El fracaso nunca las desanima. Por el contrario, las motiva a seguir adelante hasta lograr sus metas. Son individuos cálidos, amables y genuinos, pero a menudo son reacios a dejar que los demás vean este lado de ellos.

Luna de avellana
(5 de agosto – 1 de septiembre)

Elementos
Fuego y Tierra.

Estaciones
Verano.

Planeta regente
Mercurio.

Color
Marrón.

Piedra preciosa
Amatista.

Animales
Salmón y grulla.

Carta de Ogham
Coll (C).

Simbolismo
Adivinación, conocimiento, intuición y singularidad.

Correspondencias
Leo y Virgo.

Mitología

En la mitología celta, las hadas vivían en el avellano, y muchas personas creían que su madera era sagrada. Lo usaban para la magia y la adivinación. En una leyenda, el poeta irlandés Finn Eces estaba intrigado por el antiguo salmón del conocimiento. Un día, decidió atraparlo y dárselo de comer a Fionn Mac Cumhaill, el héroe más famoso de la mitología irlandesa. El pez había adquirido sus conocimientos comiendo nueces del avellano y se los había pasado a Fionn.

Zodiaco

Son personas tranquilas y prefieren pasar tiempo consigo mismas que en multitudes. Son inteligentes y saben cómo resolver cualquier problema que se les presente. Individuos leales y simpáticos, sus amigos siempre pueden contar con ellos.

Luna de vid
(2 de septiembre – 29 de septiembre)

Elementos
Aire y Tierra.

Estación
Otoño.

Planeta regente
Venus.

Color
Colores pastel.

Piedra preciosa
Esmeralda.

Animales
Cisne, sabueso y lagarto.

Carta de Ogham
Muin (M).

Simbolismo
Resistencia, oportunidad, cambio y recompensa.

Correspondencias
Virgo y Libra.

Mitología

En la mitología celta, el árbol de la vid era un símbolo de emoción, iniciación y sabiduría. La gente usaba sus hojas para aumentar su ambición.

Zodiaco

A las personas nacidas bajo este signo les encanta estar rodeadas de belleza. Creen que ser mejores personas los beneficiará a ellos y a su comunidad. Tienen un sabor caro y disfrutan mimándose. Sin embargo, trabajan duro para mantener su lujoso estilo de vida y compartir sus dones con las personas en sus vidas. Prefieren mantenerse neutrales durante los desacuerdos y evitar las confrontaciones.

Luna de hiedra
(30 de septiembre – 27 de octubre)

Elementos
Agua y aire.
Estación
Otoño.
Planeta regente
La Luna.
Color
Azul.
Piedra preciosa
Ópalo.
Animales
Ganso, mariposa y jabalí.
Carta de Ogham
Gort (G).
Simbolismo
Amor, nuevas oportunidades, renovación y crecimiento.
Correspondencias
Libra y Escorpio.

Mitología

Los celtas realizaban rituales a Arianrhod en el árbol de hiedra para abrir el portal al inframundo, que también se llama "el lado oscuro de la luna". De ahí que se convirtiera en un símbolo de lo místico y misterioso.

Deidad

Arianrhod, diosa de la luna.

Zodiaco

Estas personas son ingeniosas y tienen personalidades únicas. Sus cabezas a menudo están en las nubes, y son generosas. Aman y apoyan a las personas en sus vidas. Fuertes y pacientes, nunca se quejan, incluso cuando la vida se pone difícil. Confían en su lado espiritual para que les brinde fuerza durante la adversidad. Carismáticas y encantadoras, son el alma de la fiesta.

Luna de caña
(28 de octubre – 23 de noviembre)

Elementos

Agua y fuego.

Estación

Otoño.

Planeta regente

Plutón.

Color

Naranja.

Piedra preciosa

Jaspe.

Animales

Búho y sabueso.

Carta de Ogham

Ngetal (N).

Simbolismo

Claridad, seguridad y autoexpresión.

Correspondencias

Escorpio y Sagitario.

Mitología

Los druidas asociaban el árbol de caña con el aprendizaje y la sabiduría. También puede traer equilibrio a un mundo caótico.

Zodiaco

Nunca toman las cosas al pie de la letra y profundizan hasta encontrar la verdad. Son personas honorables, compasivas, leales y seguras de sí mismas, y la gente siempre ama su compañía. Aunque disfrutan de los chismes y pueden hacer que la gente se abra a ellos, estas personas son confiables y nunca compartirían los secretos de otras personas con nadie.

Luna mayor
(24 de noviembre – 23 de diciembre)

Elemento

Agua.

Estación

Invierno.

Planeta regente

Saturno.

Color

Oro.

Piedra preciosa

Azabache.

Animales

Cuervo, caballo, tejón.

Carta de Ogham

Ruis (R).

Simbolismo

Magia, muerte, regeneración y renacimiento.

Correspondencias

Sagitario.

Mitología

En la mitología celta, el saúco es un árbol encantado que puede proteger contra demonios y espíritus malignos.

Zodiaco

Las personas nacidas bajo este signo tienen un lado salvaje y disfrutan de su libertad. Son individuos aventureros y buscan nuevas experiencias. Solidarios y considerados, ayudan a los necesitados. Son personas felices que aman la vida, y su actitud positiva se contagia a su familia y amigos. Aunque pueden parecer superficiales, son inteligentes y profundos y a menudo buscan respuestas a las preguntas más complicadas de la vida.

El calendario celta del árbol sigue fascinando a paganos y no paganos. El uso de árboles sagrados lo hace único y añade un lado misterioso a un sistema ya de por sí interesante. Su astrología es una de las partes más emocionantes de este calendario. Le permitirá aprender sobre si mismo y las personas en su vida desde una perspectiva diferente.

Capítulo 5: El alfabeto Ogham

Probablemente esté familiarizado con la escritura romana moderna del idioma irlandés. No siempre se ha escrito así. El idioma irlandés ha pasado por varios dialectos y escrituras, muchos de los cuales pueden ser conocidos, como el formato gaélico tradicional. En su mayor parte, el alfabeto irlandés moderno consta de 26 caracteres, similar al idioma inglés, y fue adaptado de las transcripciones de los escribas de textos latinos, por lo que es algo legible y comprensible para muchas personas. Sin embargo, ¿conocía la existencia de otro antiguo sistema de escritura único en Irlanda, particularmente asociado con los celtas? Esta escritura tiene aún menos similitudes con el irlandés moderno que con cualquier otro dialecto celta.

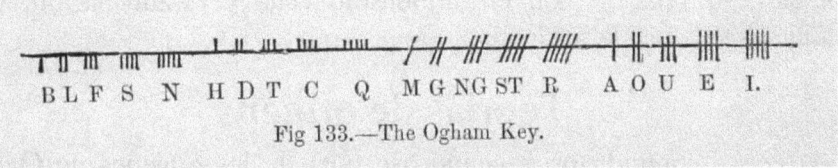

Fig 133.—The Ogham Key.

El alfabeto Ogham traducido al alfabeto inglés[36]

Esta escritura única se conoce como Ogham, que se pronuncia como "oh-mmm". Este idioma a veces se conoce como el "alfabeto del árbol celta" y fue descubierto por primera vez en Irlanda hace aproximadamente 1500 años. Aunque este idioma se utilizó inicialmente para comunicarse con el irlandés primitivo, más tarde se modificó y adaptó para el irlandés antiguo. Hoy en día, solo se han conservado unos pocos manuscritos e inscripciones de esta lengua, pero esto no disuade a los estudiosos de seguir explorando los significados detrás de esta hermosa lengua. Esta escritura es especialmente intrigante para aquellos que quieran aprender más sobre el simbolismo celta y también por su naturaleza visualmente expresiva.

Esta escritura se considera antigua pero atemporal. ¿Por qué? Porque sigue siendo objeto de investigación para muchas personas. Se dice que el término Ogham se deriva del nombre Ogma, que se asocia con la deidad celta conocida como el Dios de la elocuencia. Sin embargo, los orígenes exactos del nombre siguen siendo objeto de debate. Esta escritura también se conoce a veces como Ogam u Ogum. Algunos eruditos creen que el término Ogham en realidad se refiere a los caracteres individuales de la escritura, mientras que la escritura en su conjunto se conoce como Beith-luis-nin, llamada así por el orden de sus letras. Estas letras tienen imágenes; Cada una consta de un grupo de una a cinco líneas dispuestas verticalmente sobre una línea de base.

Este alfabeto tiene una historia controvertida, y sus orígenes aún son debatidos por muchas personas. La oscuridad que rodea la historia de la escritura Ogham refleja sus antiguos orígenes, ya que está envuelta en las brumas del tiempo. Es ampliamente considerada como la escritura más antigua conocida en Irlanda. Mientras que algunos expertos atribuyen su origen al siglo I, otros creen que se desarrolló en el siglo IV. Piénsalo así. Ogham es tan antiguo que todas sus inscripciones están en piedra, y se cree que otras inscripciones podrían haber estado en palos, estacas y árboles, que obviamente se han perdido con el tiempo. Este capítulo proporcionará una guía detallada de Ogham, su historia, características notables, su relación con el simbolismo celta y la adivinación, y los significados detrás de sus letras.

Teorías de origen

Hay teorías contradictorias cuando se trata de los orígenes de Ogham. Para ser exactos, cuatro teorías populares intentan explicar el desarrollo de esta escritura. Las diferencias de opinión surgen debido a las similitudes entre el alfabeto Ogham y otras escrituras como las runas germánicas, el futhark antiguo, el latín y el griego.

- La primera teoría propone que los irlandeses crearon el Ogham como un alfabeto críptico por razones políticas, religiosas o militares. Fue diseñado para asegurar que aquellos que solo sabían latín no pudieran entenderlo.

- La segunda teoría sugiere que el Ogham fue inventado por los primeros cristianos en Irlanda como un medio para desarrollar un idioma distinto. Esta teoría argumenta que los sonidos del irlandés primitivo eran demasiado difíciles de transcribir al latín, lo que requirió la creación de una escritura mediadora.
- La tercera teoría afirma que el Ogham fue ideado en realidad en el oeste de Gales durante el siglo IV. Su propósito era fusionar y conectar el idioma tradicional irlandés con el alfabeto latino en respuesta a los matrimonios mixtos entre los romanos y los británicos romanizados. Las inscripciones bilingües Ogham con alfabetos irlandés y británico-latino apoyan esta teoría.
- La cuarta teoría, inicialmente popular, pero luego eclipsada por otras explicaciones, postula que el Ogham fue inventado alrededor del año 600 a. C. por los druidas galos. Originalmente era un lenguaje oral y gestual representado por señales con las manos. Esta teoría sugiere que Ogham fue finalmente escrito en la Irlanda cristiana primitiva, con las líneas en la escritura representando gestos o trazos con las manos. Sin embargo, esta teoría carece de pruebas concretas y sigue siendo principalmente especulativa.

Reseña histórica

Se cree que el Ogham existió como el único sistema de escritura durante el Imperio romano, desde el 400 hasta el 700 d. C. En aquel entonces, el método de comunicación más utilizado era a través del lenguaje hablado; aun así, Ogham logró convertirse en una versión escrita, aunque un poco tarde. Particularmente, los celtas preferían comunicarse verbalmente; según Julio César, solían memorizar poemas en lugar de escribirlos. Como resultado, el Ogham se convirtió en el primer idioma en desarrollarse de la palabra hablada a la escrita. Esta escritura fue inscrita en madera, piedras, árboles y hojas durante este tiempo. Con el tiempo, las inscripciones de madera se perdieron, pero hay varias inscripciones de piedra impactantes todavía presentes en Irlanda, que actúan como testimonio de la antigua lengua.

Como el primer lenguaje escrito de la historia, el Ogham no se desarrolló más y solo se usó para representar nombres y árboles genealógicos. Por lo tanto, se cree que los monumentos de piedra con inscripciones son monumentos conmemorativos y se sugiere que son cementerios de héroes. Otros creen que estos monumentos de piedra eran marcadores de límites o prueba de propiedad de la tierra. A pesar de que solo hay evidencia del Ogham en forma de inscripciones en piedra, muchos eruditos creen que la mayoría de las inscripciones se hicieron en hojas y árboles en ese entonces. Como sucede con todos los idiomas o tecnologías, la escritura pronto se eliminó cuando el irlandés primitivo fue reemplazado por el irlandés antiguo. Posteriormente, el alfabeto romano fue adoptado y utilizado con más frecuencia, y el uso del Ogham dejó de serlo. Sin embargo, algunos sugieren que no desapareció por completo, ya que había múltiples guías sobre cómo usar este alfabeto en la época medieval.

Las inscripciones se tallaban principalmente en madera o piedra, lo que requería herramientas como un martillo y un cincel para grabar mensajes en el material. Como se mencionó anteriormente, estas inscripciones a menudo servían como breves monumentos conmemorativos a los individuos, lo que le valió al Ogham la clasificación de "escritura conmemorativa". Para comprender estos mensajes, uno tenía que poseer el conocimiento de los veinte caracteres que componen su alfabeto, junto con sus complejidades. En el siglo VII, se introdujeron cinco caracteres adicionales en el alfabeto Ogham, transformándolo en una escritura manuscrita utilizable. Sin embargo, esta época también marcó un punto de inflexión, ya que gradualmente se desvaneció su uso debido a la adopción generalizada del latín.

La investigación sobre la historia y los significados de este enigmático alfabeto comenzó con el descubrimiento de la piedra del monte Callan en 1785. Este hallazgo despertó el interés de arqueólogos y lingüistas, iniciando la búsqueda para desentrañar los secretos de las inscripciones en Ogham. Al principio, se confundieron con jeroglíficos egipcios, pero luego se clasificaron como diferentes. Se hicieron muchas conexiones con los descubrimientos de diferentes monumentos de piedra con inscripciones en Ogham. Los celtas también se unieron al Ogham.

Características del Ogham

Ogham es una escritura hermosa, aunque complicada, con 25 letras agrupadas en cinco secciones de cinco letras cada una. Cada una de estas secciones lleva el nombre de la primera letra, y las cinco secciones suman alrededor de 80 sonidos gaélicos, aunque aún no se ha decidido por qué estos sonidos se agruparon en sus respectivas secuencias. Cabe mencionar que el segundo grupo está compuesto por consonantes oclusivas, a excepción de /h/, mientras que el cuarto grupo está formado exclusivamente por vocales. La afiliación de cada letra a un grupo específico se puede determinar fácilmente debido a sus características visuales compartidas.

El conjunto inicial de letras consta de marcas del lado derecho, mientras que el conjunto posterior muestra marcas del lado izquierdo. El tercer grupo tiene líneas diagonales, mientras que la cuarta sección presenta líneas que se cruzan con la línea central, fluyendo de izquierda a derecha. Curiosamente, las vocales dentro del cuarto grupo pueden representarse alternativamente con puntos en lugar de líneas. Finalmente, el quinto grupo se erige como el más intrincado de todos, con símbolos distintos en lugar de meras marcas lineales. Esta complejidad surge de la inclusión de cartas introducidas después del año 600 d. C., que reflejan los avances en el idioma irlandés. Ocasionalmente, las puntas de flecha se utilizaban para indicar el comienzo y el final de las oraciones.

El alfabeto Ogham

1. B - Beith

Beith, la primera letra del alfabeto Ogham [27]

Beth o Beith representa la letra B en el alfabeto y está vinculada al abedul. El significado de esta letra está relacionado con los nuevos comienzos, la liberación, las transiciones, la metamorfosis y la renovación. Cuando este símbolo emerge, sirve como un recordatorio para dejar de lado la negatividad y priorizar los aspectos positivos de tu vida.

2. L – Luis

Luis, la segunda letra del alfabeto Ogham[28]

Luis corresponde a la letra L del alfabeto y se asocia con el serbal. Esta carta simboliza las bendiciones, la protección y la obtención de sabiduría. El serbal es famoso por su protección mística contra encantamientos o influencias mágicas. La esencia de esta carta anima a abrazar sus creencias espirituales y a mantener una base sólida, especialmente en tiempos de incertidumbre. Tenga fe en su propio discernimiento y evite ser engañado por una falsa seguridad.

3. F – Fearn

Fearn, la tercera letra del alfabeto Ogham[29]

Fearn o helecho es el equivalente de la letra F y está vinculado al aliso. Este árbol dinámico representa un espíritu que está en continuo crecimiento y se asocia con el equinoccio de primavera. En el folclore celta, el aliso está simbolizado por el valiente Bran, que actuaba como puente sobre un río para garantizar la seguridad de los demás. Del mismo modo, el aliso tiende un puente entre el reino místico entre el cielo y la tierra. Cuando se encuentre con este símbolo, esfuércese por ser un mediador entre las personas en conflicto. Confíe en su intuición, y los demás buscarán naturalmente su guía.

4. S - Saille

Saille se asocia con el sauce[80]

S o Saille se asocia con el sauce, que generalmente se encuentra cerca del agua. Esta letra simboliza el conocimiento y el crecimiento espiritual de una persona y ofrece protección y curación. Las correspondencias de Saile son que no se puede evolucionar sin cambiar primero y darse cuenta de que el cambio es parte de la vida. Por lo tanto, dese un respiro y tómese un tiempo para descansar espiritualmente.

5. N - Nion

Nion está vinculado al fresno[81]

La letra N corresponde a Nion, que está vinculada al fresno. Dentro de la herencia celta, el fresno tiene un significado sagrado para los druidas, ya que representa una conexión entre los reinos interior y exterior. Esta letra sirve como símbolo de interconectividad, energía creativa y transiciones. Sirve como un recordatorio de que cada acción, por pequeña que sea, tiene consecuencias. Sus elecciones y acciones tienen un impacto en el futuro, extendiéndose más allá del momento presente.

6. H – Huath

Huath simboliza los árboles de espino[32]

La H simboliza Huath, el árbol de espino, que representa la limpieza, la protección y la defensa. En aspectos corporales, significa fertilidad, ofreciendo protección, salud y autodefensa. En los aspectos mágicos, enseña que la fuerza espiritual puede sortear desafíos espinosos y brindar apoyo a los demás.

7. D – Duir

Duir simboliza el roble celta[33]

La letra D corresponde a Duir, que se asocia con el roble celta, simbolizando cualidades de fuerza, resistencia y confianza en sí mismo. Se dice que llevar una bellota trae suerte en entrevistas y reuniones de negocios. De manera similar, se cree que capturar una hoja de roble que cae traerá salud en el próximo año. La palabra Duir en sí misma, que significa puerta, transmite la importancia de aprovechar las oportunidades y posibilidades imprevistas. Desde una perspectiva mágica, encarnar la firmeza inquebrantable del roble le permite a uno superar los desafíos espirituales con una fuerza inquebrantable.

8. T - Tinne

Tinne representa el acebo[84]

La letra T corresponde a Tinne, que representa el acebo en el simbolismo celta. La inmortalidad, la armonía, la valentía y la estabilidad del hogar están asociadas con el acebo. Juntos, podemos encontrar fortaleza y seguridad a través de los valores de la confianza y el honor. Es crucial desarrollar una percepción rápida y astuta cuando se trata de significado mágico. La clave para reaccionar ante nuevas circunstancias espirituales es la flexibilidad y la agilidad. Confíe en sus instintos cuando se trata de mantener una estrategia equilibrada que equilibre las emociones y la mente.

9. C – Coll

Coll se asocia con la sabiduría y la creatividad[85]

La letra C, o K, significa Coll, el avellano relacionado con el conocimiento, la creatividad y la sabiduría. En agosto, el árbol produce nueces que simbolizan la fuerza vital que lleva dentro. En la mitología celta, el avellano se asocia con manantiales encantados, pozos sagrados y adivinación. Sean cuales sean tus talentos creativos, busca inspiración. En los aspectos mágicos, permite que lo divino guíe tu viaje creativo, invocando a los dioses en busca de inspiración y llamando a una musa cuando necesites una chispa creativa.

10. Q – Quert

Quert representa el manzano[86]

Q representa a Quert, o Ceirt, que representa el manzano. La manzana es una representación tradicional del amor, la lealtad y el renacimiento que con frecuencia se vincula con la magia. En los aspectos mundanos, tomar decisiones puede ser un desafío. A veces, la decisión correcta puede no traer felicidad inmediata, pero la sabiduría radica en discernir lo que realmente se necesita. En los aspectos mágicos, adopta nuevas decisiones y cosecha los dones espirituales que ofrecen. Confíe en que se aprenderán lecciones valiosas en el camino, incluso cuando las cosas parezcan poco claras.

11. M – Muin

Muin representa la Vid[87]

La letra M corresponde a Muin, que representa la vid en el simbolismo celta. La vid se asocia con viajes internos y lecciones de vida, sirviendo como fuente de uvas y vino. En términos de significado mágico, fomenta la participación en rituales de profecía y adivinación. Es recomendable mantener un registro de los mensajes recibidos, ya que su significado puede aclararse más adelante. Al disfrutar de los placeres asociados con la vid, es importante permanecer atento y evitar los excesos, ya que pueden distorsionar la percepción de la verdad.

12. G - Gort

Gort representa a la hiedra[28]

La letra G corresponde a Gort, representando la hiedra en el simbolismo celta. La hiedra es conocida por su capacidad para crecer de forma independiente y parasitaria en otras plantas. Prospera en diversas condiciones y simboliza el viaje de autodescubrimiento del alma a través de diferentes reinos. Gort se asocia con el crecimiento, la energía indómita y la exploración de los aspectos místicos del desarrollo personal. Además, está conectado con octubre y el Sabbat Samhain. En el ámbito físico, encontrarse con Gort significa la importancia de eliminar la negatividad y las relaciones tóxicas de tu vida. En términos de significado mágico, insta a buscar el crecimiento personal interno y la compañía espiritual externamente. Si se encuentra con Gort, podría valer la pena considerar unirse o formar un grupo de personas de ideas afines para embarcarse en este viaje juntos.

13. Ng – nGeatal

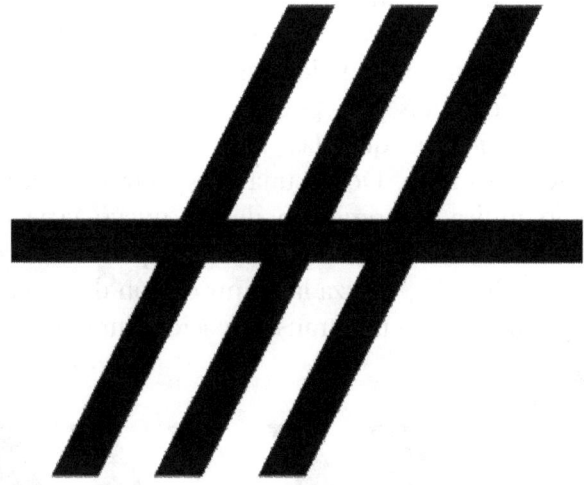

nGeatal representa los juncos que crecen a orillas de los ríos[89]

Ng, o nGeatal, representa el junco que crece alto junto a las orillas de los ríos. Simboliza la acción directa y el propósito en el viaje de uno. Asociado con la música, la salud y las reuniones alegres, el Reed significa asumir roles de liderazgo, reconstruir y tomar decisiones proactivas. En los aspectos mágicos, destaca el crecimiento espiritual fructífero a través de los desafíos y la importancia de aprender lecciones valiosas a lo largo del camino.

14. St – Straith

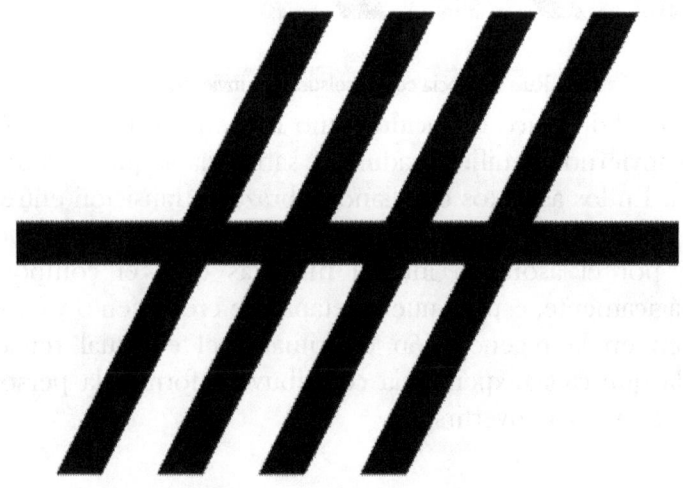

Straith corresponde al árbol de endrino[40]

En la iconografía celta, la letra St, también deletreada Straith o Straif, representa el árbol de endrino. El endrino es un símbolo de poder, dominio y triunfo sobre la adversidad. En la vida cotidiana, encontrarse con Straith significa la necesidad de anticiparse a lo inesperado y estar preparado para los cambios que pueden interrumpir sus planes. Sirve como un recordatorio de que las fuerzas externas pueden afectar significativamente su camino. Desde una perspectiva mágica, encontrarse con este símbolo indica el comienzo de un nuevo viaje en el que se avecinan sorpresas, posiblemente desafiantes. Superar estos obstáculos te otorgará fuerza y resiliencia. Abraza la comprensión de que tanto tú como tu vida están experimentando una transformación durante este tiempo.

15. R – Ruis

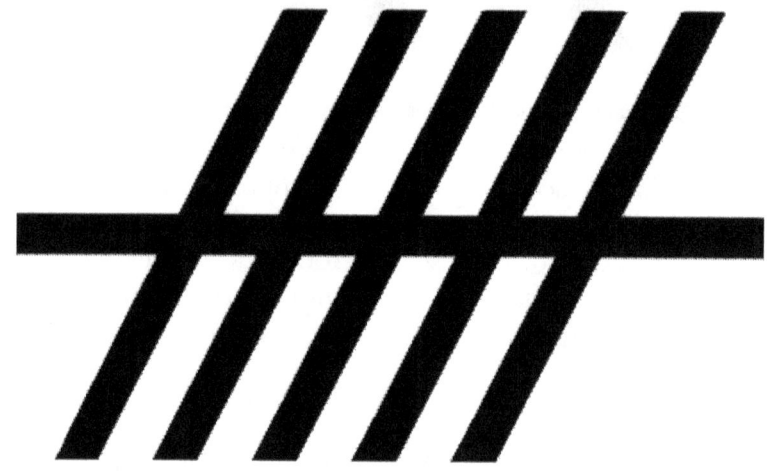

Ruis se asocia con el solsticio de invierno [1]

R es el árbol de saúco conocido como Ruis, que está conectado con el solsticio de invierno. Significa madurez y sabiduría adquirida a través de la experiencia. En los aspectos cotidianos, abraza la transición entre fases de la vida, reconociendo el valor de la madurez y el conocimiento. Esfuércese por el asombro infantil mientras evita el comportamiento infantil. Mágicamente, espere nuevas etapas de crecimiento y experiencias que resulten en la regeneración espiritual y el eventual renacimiento. Comprenda que cada experiencia contribuye a formar la persona en la que está destinado a convertirse.

16. A - Ailim

Ailim representa el olmo⁴²

El emblema celta del olmo, Ailim, a menudo escrito Ailm, está representado por la letra A. El abeto o pino también se incluye en este símbolo. Estos poderosos gigantes del bosque son importantes porque nos brindan perspectiva y nos permiten estar por encima de nuestro entorno. Señala la necesidad de considerar el panorama general y los objetivos a largo plazo en la vida real. Prepárese para lo que se avecina y adopte una perspectiva más amplia. En los aspectos mágicos, marque su crecimiento y progreso espiritual. Mire hacia el futuro e imagine a dónde le llevará su nueva sabiduría. Esté abierto a guiar a otros que sigan su camino y extienda una mano amiga cuando sea necesario.

17. O - Onn

Onn simboliza el arbusto de aulaga[43]

El arbusto de aulaga, también conocido como Furze, está simbolizado por la letra O, alternativamente deletreada Onn u Ohn. En la vida, representa que lo que ha estado buscando está a su alcance, así que persista en perseguir sus metas. Si no está seguro de su camino, cree una lista de objetivos para aclarar su dirección y centrarse en el viaje. En los aspectos mágicos, su viaje espiritual le ha otorgado abundantes dones. Comparta estas bendiciones con los demás y aproveche las oportunidades de liderazgo o tutoría que se le presenten.

18. U - Uhr

Ur representa la planta de brezo[44]

El emblema celta de la planta de brezo, Uhr o Ura, está representado por la letra U. El brezo simboliza el celo y la caridad. En los páramos celtas, este resistente arbusto vive de turba. En la vida, este símbolo llama a desestresarse y buscar la curación interior para el cuerpo. Escuche sus necesidades físicas y reconozca la interconexión entre el bienestar físico y la salud emocional. En los aspectos mágicos, integra la energía espiritual con la sanación física. Para cultivar un alma sana, enfatice la curación holística del cuerpo, la mente y el espíritu.

19. E – Eadhadh

Eadhadh simboliza el árbol de álamo"

Representa el árbol de álamo, que representa la fortaleza y la valentía, y se llama Eadhadh o Eadha. Cuando se encuentre con este símbolo, emule la resistencia del álamo, manteniéndose flexible frente a los obstáculos. Confíe en que los desafíos son transitorios y le hacen más fuerte. Superar los miedos y las reservas para el crecimiento personal. En los aspectos mágicos, resiste sucumbir a las presiones mundanas. Cambie su enfoque a su viaje espiritual, incluso cuando sienta la tentación de rendirse.

20. I - Iodhadh

Iodhadh representa el tejo[46]

El emblema celta del tejo, Iodhadh o Idad, se relaciona con la letra I. Debido a que se asemeja a la carta de la muerte del tarot, el tejo se vincula con frecuencia a los conceptos de muerte y finales. En el mundo físico, la aparición de Iodhadh indica transiciones significativas. Adopte la conciencia de estos cambios, comprendiendo que, si bien no todos pueden ser negativos, es probable que sean sustanciales. Elimine las cosas innecesarias para dejar espacio para nuevos comienzos. En los aspectos mágicos, libere el apego a creencias e ideas que ya no le sirven. Abrace el poder transformador del cambio, viéndolo como una oportunidad y no como un obstáculo. De la bienvenida a nuevas experiencias sin miedo y ábrase a lo desconocido.

El alfabeto Ogham es un testimonio del rico tapiz del simbolismo celta. Su disposición distintiva de muescas y líneas captura perfectamente la profunda conexión entre el lenguaje, la naturaleza y la espiritualidad que estaba profundamente arraigada en la cultura celta. La escritura Ogham, con sus raíces en las antiguas tierras celtas, sirve como un puente entre lo material y lo místico, ofreciendo una visión de las creencias y la sabiduría de los celtas. La asociación del alfabeto Ogham con los árboles y el mundo natural subraya la reverencia de los celtas por su entorno. Cada personaje corresponde a un árbol específico, lo que refleja la interdependencia entre la humanidad y el reino natural. Esta relación íntima con la naturaleza se expresa a través de la escritura Ogham, lo que la convierte en un sistema de escritura único que encapsula la cosmovisión celta.

Capítulo 6: La rueda del año

Ahora que entiende el calendario del árbole celta y cómo funciona, este capítulo se centrará en los antiguos festivales irlandeses que siguen siendo populares entre muchos neopaganos. Estas festividades celebran la naturaleza, marcan el cambio de las estaciones y honran su conexión con el mundo natural. Hay ocho en la rueda celta del año que comienza con el festival de Samhain y termina con el festival de Mabon.

La rueda del año tiene muchos nombres: los ocho sabbats, la rueda de las brujas, la rueda pagana, la rueda irlandesa, la rueda sagrada y la rueda celta. Representa el ciclo estacional y las fiestas que los celtas celebraban al inicio de cada estación. A diferencia del sistema de árboles celtas, la rueda es un calendario solar que representa el ciclo de las plantas que comienza con la germinación de semillas, luego las plantas brotan, florecen y fructifican, y finalmente se convierten en semillas y se repite el ciclo. Al igual que la rueda, siempre está girando.

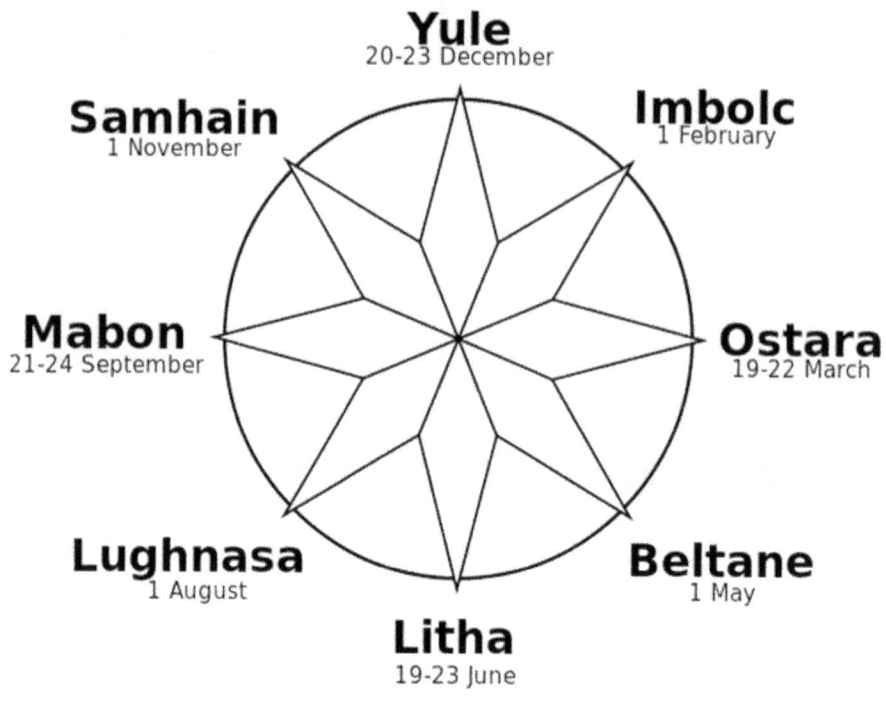

La rueda del año[47]

El objetivo principal de la rueda del año es conectarle con la naturaleza, el ciclo de las estaciones y los espíritus de sus antepasados, como con el festival de Samhain. Se trata de celebrar a la madre tierra en lugar de honrar a un dios o diosa específico.

Al igual que el calendario de los árboles, la rueda del año también representa el ciclo continuo de la vida: nacimiento, muerte y renacimiento. Sin embargo, esto no solo se aplica a la humanidad, sino también a la naturaleza. Se marchita y muere en otoño e invierno para renacer de nuevo en primavera y verano.

Algunas personas piensan que la rueda del año es Wicca, ya que celebra y honra a algunas deidades paganas, pero esto no es cierto. Los paganos y los no paganos pueden celebrar estas festividades, ya sea que adoren a las deidades celtas o wiccanas o no.

En este capítulo se hablará de la rueda del año y de las ocho fiestas celtas, y de todas las prácticas y tradiciones asociadas a ellas.

Los festivales del solsticio y el equinoccio en la rueda del año

Los equinoccios de otoño y primavera y los solsticios de verano e invierno se encuentran en los puntos este, oeste, norte y sur de la rueda del año. Estos puntos también se denominan "días solares", ya que marcan el momento en que el sol está más fuerte en el cielo y el día más largo del año. Del mismo modo, también pueden marcar los días en los que el sol está más débil en los cielos y el día más corto del año. Los festivales del solsticio son Yule/solsticio de invierno (21 de diciembre) y Litha/solsticio de verano (21 de junio).

El equinoccio tiene lugar cuando el sol pasa por el ecuador, y los días se vuelven tan largos como las noches. La palabra equinoccio es de origen latino. Se deriva de las palabras *aequus* y *nox* que significan igual y noche, respectivamente. Estos festivales son Ostara (21 de marzo) y Mabon (21 de septiembre).

Los puntos de los cuartos cruzados se refieren a los festivales que tienen lugar entre el solsticio y los equinoccios durante el pico de las cuatro estaciones.

Estas festividades a menudo se llaman las cuatro grandes fiestas del fuego o los principales sabbats, y son:

- Samhain
- Imbolc
- Beltane
- Lugaid

Al igual que los signos del zodíaco, los cuartos de punto de la rueda del año están asociados con los cuatro elementos.

- El norte es la Tierra.
- El sur es fuego.
- Este es aire.
- El oeste es agua.

Hay un quinto elemento en el centro de la rueda llamado fuente o espíritu, y representa el mundo invisible que existe a su alrededor, como el alma que le da vida y el amor que une al mundo entero.

Estos cinco elementos son significativos en la mitología celta y en las tradiciones espirituales. Se asocian con lugares sagrados, espíritus de la naturaleza y deidades. Por esta razón, los antiguos celtas los veneraban mucho. Cada uno de los ocho festivales también está asociado con tipos de cristales, colores, hierbas y plantas.

La historia de las fiestas celtas

En Francia, los historiadores descubrieron un calendario celta que mostraba a los antiguos irlandeses celebrando cuatro festivales de fuego que honran los movimientos del sol a lo largo de las estaciones. Estas fiestas incluyen dos equinoccios y dos solsticios. Cuando los antiguos sajones y los pueblos germánicos se entrelazaron con los celtas, los introdujeron en las otras cuatro fiestas. Las ocho fiestas hacen la rueda del año, y cada una de ellas se celebra cada mes y medio.

Aunque los antiguos celtas y neopaganos celebraban estos festivales para honrar a la naturaleza, la rueda del año era especialmente importante para los antiguos agricultores celtas. Dependían de ella para marcar los cambios estacionales y determinar cuándo arar, sembrar y cosechar sus productos.

Los nombres de los festivales celtas se derivan de culturas antiguas como la germánica, la anglosajona, la nórdica y la celta.

El significado espiritual de la rueda del año

La rueda del año alterna entre festivales que celebran los cambios de las estaciones o festivales que se inspiran en tradiciones ancestrales. Los celtas celebraban estas ocasiones ofreciendo ofrendas a sus deidades y agradeciéndoles todos sus regalos. Estos ciclos estacionales les enseñaron que el cambio era necesario, que una parte importante de la naturaleza y la vida debía ser aceptada y abrazada. Aprovecharon este tiempo para conectar con su lado espiritual y realizar rituales específicos para honrar a la naturaleza.

Estas fiestas representan la unidad entre lo natural y lo sobrenatural, el mundo espiritual y el físico.

Para muchas personas, el solsticio es un momento de autorreflexión, ya que tiene lugar después de la primera mitad del año. Puedes pensar en lo que has logrado en los últimos seis meses y dónde esperas terminar para fin de año. Por otro lado, el equinoccio se trata de traer equilibrio a tu vida mientras se observa la duración igual del día y la noche y la oscuridad y la luz.

Los cuatro grandes festivales del fuego le permiten disfrutar de la vida y estar agradecido por todas las bendiciones que la naturaleza te otorga cada temporada. Es un momento para conectarse con la madre tierra durante el punto más alto de sus ciclos estacionales.

Ahora que has aprendido sobre la rueda del año, la segunda parte del capítulo se centrará en cada uno de los ocho festivales de temporada.

Noviembre (31 de octubre)

Pronunciación
En Irlanda, Samhain se pronuncia como "Sow-wen".

Colores
Naranja, dorado, plateado, morado y negro.

Cristales
Ónix, piedra de sangre, cuarzo ahumado y cuarzo transparente.

Plantas y hierbas
Salvia, nuez moscada, ajo, romero y caléndula.

Alimentos y bebidas
Calabaza, carne, papas, manzanas y chirivías.

Incienso
Mirra, canela, menta, incienso y salvia.

Significado
En gaélico, la palabra Samhain significa "fin del verano". Este día marca el año nuevo en las tradiciones celtas y el comienzo de la rueda del año. Los celtas creían que durante este tiempo, el velo entre el mundo de los vivos y el reino de los muertos estaba en su punto más débil, y los espíritus podían vagar libremente entre los dos mundos. Aunque esto puede sonar como la trama de una película de terror, para los celtas, este pensamiento les proporcionó consuelo. Estaban felices sabiendo que los espíritus de sus antepasados y sus seres queridos fallecidos vendrían a visitarlos.

Sin embargo, algunos de estos espíritus podrían haber regresado para vengarse de una persona que les hizo daño o fue responsable de su muerte. En este caso, algunas personas llevaban máscaras para esconderse de ellos.

No eran solo los espíritus de los muertos los que visitaban el reino de los vivos, sino que todas las criaturas del otro mundo, como las hadas, cruzaban. La gente se protegía de estas entidades disfrazándose para ocultar sus identidades.

Práctica y rituales

Los rituales de Samhain incluyen banquetes, bailes, construcción de altares para los antepasados y presentación de ofrendas, uso de máscaras y tallado de calabazas. Los antiguos celtas también tenían cenas silenciosas colocando un asiento y un plato adicionales en la mesa del comedor para su antepasado muerto o un ser querido fallecido y comiendo en silencio. Dieron la bienvenida a los espíritus cocinando sus comidas favoritas, dejando golosinas afuera y colocando velas en su ventana para guiarlos.

Tienefe razón si crees que los rituales de Samhain son bastante similares a los de Halloween. La fiesta moderna se basa en la antigua celebración celta.

Yule/Solsticio de invierno (20-23 de diciembre)

Pronunciación

Yule se pronuncia como "Yool".

Colores

Dorado, verde y rojo.

Cristales

Cuarzo claro, citrino, esmeralda y piedra de sangre.

Plantas y hierbas

Hojas de roble, nuez moscada, clavo, canela, abeto y pino.

Alimentos y bebidas

Frutos secos, sidra caliente, vino y sopa.

Incienso

Pino, canela, incienso y cedro.

Significado

El festival de Yule representa el renacimiento, la renovación y el crecimiento. Cae en el día más frío y corto del año, que se conoce como el *solsticio de invierno*. Dado que los celtas y los druidas veneraban mucho a los árboles, celebraban Yule saliendo y decorando árboles de hoja perenne, que creían que eran símbolos de vida y supervivencia.

Yule es también una celebración de la victoria del rey Roble sobre su hermano, el rey Sagrado. Los dos hermanos simbolizan las cuatro estaciones. El rey Santo gobernó sobre la Tierra durante la primera parte del año, cuando hacía frío y estaba oscuro. Sin embargo, a medida que los días se hicieron más largos, el rey Roble volvió a la vida, mató a su hermano y reinó sobre la Tierra.

Práctica y rituales

Muchas personas practican los rituales de Yule quemando un tronco de Navidad, decorando un árbol, colgando un muérdago, haciendo una corona, encendiendo velas, preparando un banquete, intercambiando regalos y construyendo un altar. La gente también quemaba hogueras que representaban el regreso del sol, ya que los días se hacían más largos después de Yule. También celebran esta fiesta cantando y encendiendo una hoguera donde las familias y amigos se reúnen para lanzar acebo para simbolizar dejar atrás el pasado y abrazar el futuro.

Los troncos utilizados en estos rituales deben ser cortados, no comprados. También debe guardar un pedazo de él para quemarlo en el próximo Yule como símbolo de continuidad.

Los rituales y tradiciones navideñas también se tomaron prestados de Yule.

Imbolc (2 de febrero)

Pronunciación

Imbolc se pronuncia como "'ımbɒlk".

Colores

Verde claro, blanco y rosa.

Cristales

Hematita, citrino, turquesa, amatista.

Plantas y hierbas

Hamamelis, campanillas de invierno, canela, manzanilla y mora.

Alimentos y bebidas

Avena, pan, semillas de calabaza y girasoles.

Incienso

Manzanilla, jazmín, lirio y vainilla.

Significado

Imbolc se deriva de la antigua palabra irlandesa *oimelc*, que significa dentro del vientre o leche de oveja, y representa a las ovejas preñadas. Significa el vientre de la madre tierra, de donde emerge la primavera. Esta es la época del año en que las flores, los árboles y todas las demás plantas despiertan de su largo sueño.

Este festival tiene lugar entre el solsticio de invierno y el equinoccio de primavera. Representa la fertilidad, el renacimiento, la esperanza, la purificación y los días mejores.

Imbolc celebra a Brígida, la diosa de la fertilidad, la primavera, la poesía y la medicina. Marca el final del frío y oscuro invierno y da la bienvenida a la primavera y a la temporada agrícola. Imbolc es un momento para nuevos comienzos y crecimiento.

Práctica y rituales

La gente celebra encendiendo hogueras para purificarse y honrar al sol. También hacen muñecas Brígida o cruces con tallos de maíz y las cuelgan en sus puertas o dentro de sus casas. La gente también colocó una escoba en la puerta de su casa para simbolizar barrer el pasado y todas las cosas que ya no les sirven para hacer espacio para el futuro y todo lo que tiene para ofrecer.

Ostara/Equinoccio de Primavera (20-23 de marzo)

Pronunciación

Osatra se pronuncia como "oh s t aa er".

Colores

Tonos de verde, rosa, amarillo y blanco.

Cristales

Cuarzo rosa, amatista y aguamarina.

Plantas y hierbas

Campanillas de invierno, tulipanes, azafrán, narcisos, hierba gatera, hierbabuena, hierba de limón, trébol y reina de los prados.

Alimentos y bebidas

Miel, pan, lechuga, espinacas, col rizada y huevos.

Incienso

Narciso, violeta, jazmín, sándalo, fresa y rosa.

Significado

Ostara se deriva de Eostre, la diosa del amanecer y la primavera, y celebra la llegada de la primavera y los nuevos comienzos. En la mitología celta, Eostre despertó de su largo sueño en Ostara y resurgió de debajo de la tierra. En otro mito, el festival honra el día en que la diosa quedó embarazada del dios del sol, que nació en Yule. Algunas tradiciones combinan los dos mitos.

Ostara se asocia con el renacimiento, la nueva vida, la fertilidad y el equilibrio, ya que el día y la noche, la luz y la oscuridad, son iguales. Este es un momento que da esperanza a las personas al presenciar la llegada de la primavera después del oscuro y frío invierno.

Práctica y rituales

La gente celebra esta fiesta organizando banquetes, encendiendo fuegos, coloreando y decorando huevos. Esta festividad está asociada a la Semana Santa, por lo que ambas tienen rituales y prácticas similares.

Beltane (1 de mayo)

Pronunciación

Beltane se pronuncia como "beltayn".

Colores

Amarillo, verde, azul y rojo.

Cristales

Cuarzo rosa, malaquita, berilo, piedra solar, esmeralda.

Plantas y hierbas

Rosa, roble, prímula, pimentón, reina de los prados, diente de león, espino y narciso.

Alimentos y bebidas

Pasteles, avena, flor de saúco, pan dulce y vino.

Incienso

Vainilla, melocotón, ylang-ylang, incienso y rosa.

Significado

Este festival marca el comienzo del verano, celebrando la fertilidad y la luz. La palabra Beltane significa fuego de Bel (fuego brillante) y también es el nombre del dios celta del sol. Este es el momento en que el día se vuelve más largo que la noche y los seres naturales y sobrenaturales, como los espíritus y las hadas, despiertan de su sueño. Con su fuego ardiente, Beltane se asocia con la pasión y la lujuria.

Prácticas y rituales

La gente celebra Beltane construyendo un altar de hadas, haciendo una corona de flores, rezando, bailando y celebrando bodas. También encienden hogueras, simbolizando la pasión, dejar de lado tus inhibiciones y seguir el deseo de tu corazón. Los antiguos celtas también celebraban Beltane bailando en la naturaleza alrededor de los árboles. También vestían a una niña con ropas coloridas y colocaban una corona de flores sobre su cabeza para simbolizar a la diosa de la primavera.

Los antiguos celtas colocaban una rama marrón en sus casas para protegerlos de las hadas u otras entidades sobrenaturales que despertaban. Muchas personas también se casan en este día, ya que se asocia con la pasión.

Litha/solsticio de verano (20-23 de junio)

Pronunciación

Litha se pronuncia tal como está escrito, y la "th" es suave.

Colores

Naranja, amarillo, dorado y rojo.

Cristales

Esmeralda, topacio amarillo, calcita, citrino y piedra solar.

Plantas y hierbas

Verbena, tomillo, romero, menta, manzanilla, caléndula, artemisa, gordolobo, lavanda, salvia, rosa, girasol y diente de león.

Alimentos y bebidas

Miel, zanahorias, calabaza, helado y sidra de manzana.

Incienso

Salvia, limón, naranja, almizcle, lavanda y rosa.

Significado

Litha marca el día más largo del año cuando el sol está en su apogeo. También es cuando el calor del sol comienza a debilitarse y el día se acorta. Este festival tiene lugar en pleno verano, cuando la naturaleza está en su punto más fuerte, los días son cálidos y las plantas florecen.

En la mitología celta, el rey Roble cedió su reino a su hermano, el rey Sagrado, durante Litha. Es una ocasión especial que honra la victoria de la luz sobre las tinieblas. También es un símbolo de que no importa cuán oscura o difícil sea la vida, las cosas siempre mejorarán y el sol volverá a brillar.

La palabra *Litha* es de origen anglosajón y significa junio.

Prácticas y rituales

Esta fiesta se celebra encendiendo hogueras, festejando, comiendo frutas frescas y bailando. Los antiguos celtas practicaban ciertos rituales para protegerse de las criaturas sobrenaturales que resurgieron durante Beltane, ya que se volvieron muy poderosas en Litha y podían propagar el caos y causar daño.

Lugaid (1 de agosto)

Pronunciación

Lughnasadh se pronuncia como "LOO-nuss-uh".

Colores

Amarillo, marrón claro, dorado y verde.

Cristales

Peridoto, ojo de tigre, ámbar, topacio dorado, citrino.

Plantas y hierbas

Hiedra, trébol, endrino, albahaca, brezo y granos.

Incienso

Incienso, rosa, menta y sándalo.

Significado

Lughnasadh celebra la temporada de cosecha y marca el período entre el verano y el otoño. Lleva el nombre de Lugh, el dios de la luz y el sol, debido a una leyenda que lo vincula con este festival.

La madre de Lugh, Tailtiu, la diosa de la soberanía, se preocupaba más por la humanidad y su bienestar que por ella misma. Pasaba sus días preparando las tierras para el cultivo. Sin embargo, trabajó tan duro que su cuerpo no pudo soportarlo más y murió. Cada año, Lugh honraba a su madre con una lujosa fiesta que llegó a conocerse como Lughnasadh.

Este festival se lleva a cabo en los últimos meses del año, por lo que es una oportunidad para cosechar los beneficios de todo su arduo trabajo. Es el momento de la autorreflexión y de preguntarse si ha logrado todos sus objetivos o si debe evaluar sus elecciones y decisiones y hacer ajustes.

Prácticas y rituales

Los antiguos celtas presentaban ofrendas de su cosecha a sus dioses y diosas en Lughnasadh. También honrarían a Tailtiu practicando deportes como el boxeo y la lucha libre. La gente también lo celebraba encendiendo hogueras y casándose.

Mabon/equinoccio de otoño (20-23 de septiembre)

Pronunciación

Mabon se pronuncia como "maybn".

Colores

Naranja, amarillo, dorado y marrón.

Cristales

Lapislázuli, zafiro, cuarzo, ámbar y citrino.

Plantas y hierbas

Caléndula, manzanilla, romero y salvia.

Incienso

Incienso, manzana, canela, pino y salvia.

Significado

Mabon es el último festival en la rueda del año. Es un momento para reflexionar sobre sus pérdidas y ganancias. Aunque celebrar el equinoccio de otoño es una tradición antigua, el nombre *Mabon* es relativamente nuevo. Al escritor wicca Aidan Kelly se le ocurrió. Nombró el festival en honor a Mabon y Modron, el dios cazador galés.

El festival marca la pérdida del dios celta de la fertilidad Cernnunos, que iba al inframundo todos los años durante el equinoccio de otoño y resurgió como el hombre verde para simbolizar el renacimiento y el crecimiento.

Prácticas y rituales

La gente celebraba Mabon erigiendo un altar para honrar a Cernunnos y expresando su gratitud por su cosecha y todas las bendiciones que la naturaleza les otorgaba.

Cada festival en la rueda del año tiene su propio nombre y rituales únicos. Sin embargo, hay una cosa que todos comparten en común: la naturaleza. La mayoría de la gente da por sentada la naturaleza y el cambio de las estaciones, pero ¿te imaginas cómo sería el mundo si solo hubiera una estación?

El cambio es necesario, y cada temporada es un recordatorio de que nada en la vida dura. Es un pensamiento reconfortante saber que la luz siempre vendrá después de la oscuridad. Sin embargo, también te recuerda que los días soleados y cálidos no durarán para siempre, así que aprécialos y disfrútalos mientras duren.

Recuerda, la rueda del año siempre seguirá girando, y los buenos días vendrán tarde o temprano.

Capítulo 7: El árbol de la vida

¿Alguna vez has visto a un irlandés con un colgante de árbol? Probablemente pensaste que era una pieza de joyería al azar, pero lo que quizás no sepas es que este no es un árbol ordinario. Es el árbol de la vida, uno de los símbolos más significativos de la mitología celta. Representa la esencia de la vida, un concepto popular que ha aparecido en muchas mitologías, religiones y culturas a lo largo de la historia. El concepto del árbol de la vida existe en diferentes creencias y creencias.

El árbol de la vida celta[48]

Aunque muchas culturas antiguas utilizaban este símbolo, tenía un significado especial entre los celtas, quienes, a su vez, influyeron en sus descendientes irlandeses. A pesar de que tiene cientos de años, la gente todavía lo aprecia y lo usa en joyas, pintura, decoraciones, etc.

Los celtas y los druidas eran muy venerados. Aparecieron en diferentes partes de su mitología, como el calendario del árbol celta. Los árboles también jugaron un papel muy importante en su vida diaria. Eran una fuente de alimento, medicina y refugio, y quemaban su madera para mantenerlos calientes durante el invierno. No es de extrañar que los druidas los consideraran sagrados. Los árboles siempre han sido una fuente de vida, y los antiguos irlandeses dependían de ellos en todos los aspectos de sus vidas.

En la mitología celta, los árboles tenían un significado espiritual; Actuaban como portales entre el mundo de los vivos y el reino espiritual. Los druidas también creían que los espíritus de sus antepasados permanecían en los árboles, lo que los hacía encantar. Por lo tanto, recurrían a sus árboles sagrados en tiempos difíciles o cuando necesitaban ayuda. Los druidas también presentaban ofrendas a los dioses y elegían a sus jefes bajo los árboles.

Los antiguos celtas asociaban el árbol de la vida con las fuerzas de la naturaleza, ya que se unen para crear equilibrio y armonía para la humanidad y el universo. También representaba la fuerza, el conocimiento, el poder, la sabiduría y la protección. Abarcaba todos los elementos naturales y espirituales necesarios para la vida en la Tierra.

El árbol de la vida es un símbolo complejo y de múltiples capas que refleja la antigua cultura y tradiciones irlandesas. Representa la estabilidad, la fuerza y la fe, y los druidas y celtas creían que era el centro del universo.

Este capítulo detallará el significado del árbol de la vida, sus diferentes partes y lo que simboliza cada una.

La historia del árbol de la vida

No es exagerado decir que este símbolo es tan antiguo como los seres humanos. En la mitología nórdica, los vikingos trajeron consigo su árbol de la vida cuando llegaron a Irlanda, lo que podría haber influido en los celtas para crear el suyo propio. Se cree que los antiguos egipcios fueron las primeras personas en crear y utilizar este símbolo. También se encontró tallado en sus tumbas y otros monumentos. En otras palabras, los celtas no fueron los que inventaron el concepto del árbol de la vida, ya que existía siglos antes de que surgiera la antigua civilización irlandesa.

Si bien todos los países y religiones consideran que el árbol de la vida es sagrado, cada uno le asigna un significado diferente en función de sus propias creencias e ideologías.

El árbol de la vida en la mitología griega y romana

En la mitología griega y romana, el árbol de la vida es bastante similar al árbol celta, ya que sus raíces se extienden hasta el inframundo y sus ramas llegan hasta las estrellas o los cielos.

El árbol de la vida en el Antiguo Egipto

Los antiguos egipcios creían que las ramas del árbol de la vida representaban la abundancia y los cielos, mientras que sus raíces simbolizaban la muerte. En la antigua mitología egipcia, Isis, la diosa de la magia y la sabiduría, y Osiris, el dios de la muerte y el renacimiento, surgieron del árbol de la vida.

El árbol de la vida en la mitología nórdica

El árbol de la vida también se llama Yggdrasil o el Árbol de la Vida vikingo. Es un fresno y uno de los símbolos más sagrados de la mitología nórdica. Los nueve mundos del universo se erguían sobre sus ramas. Si algo le sucediera a este árbol, el mundo perecería.

El árbol de la vida en China

Hay una historia famosa en la mitología china sobre un melocotonero encantado que produce frutos una vez cada tres mil años. Quien coma uno de sus frutos será inmortal. Este árbol de la vida chino se representa de manera diferente a su contraparte celta. Tiene un fénix en la parte superior y un dragón en la parte inferior.

El árbol de la vida en la civilización maya

Los mayas creían que cuando se creó el universo, había un gran árbol que conectaba el otro mundo, el mundo físico y el cielo. Todo en la vida vino de este árbol. Este es el árbol de la vida y el origen del universo.

El árbol de la vida en el Budismo

Los budistas creen que Buda alcanzó la iluminación mientras estaba sentado bajo el árbol de la vida, Bodhi. En el budismo, este árbol sagrado representa la existencia y la iluminación.

Hinduismo

Los hindúes creen que su árbol de la vida crece al revés; Sus ramas son subterráneas mientras que sus raíces llegan hasta el cielo. Este árbol bendice a las personas y les proporciona lo que necesitan para sobrevivir.

El árbol de la vida en la cultura africana

En África, el árbol de la vida es el Baobab. Aunque el clima en esta área es seco y algunas plantas luchan por crecer, siempre hay frutos que crecen en este árbol sagrado. Por esta razón, los africanos lo veneran mucho, ya que es la fuente de alimento y vida.

El árbol de la vida en Bahréin

Curiosamente, en Bahréin, hay un árbol en medio del desierto que se mantiene erguido en el clima cálido y seco. Tiene más de cuatrocientos años de antigüedad, y nadie sabe cómo sobrevivió todos estos años, ya que no hay ninguna fuente de agua cerca de él. Es un árbol milagroso que representa el poder y la magia. Los lugareños se refieren a él como el árbol de la vida.

El árbol de la vida en el cristianismo

La Biblia menciona la historia de Adán y Eva y cómo desobedecieron a Dios y comieron del árbol prohibido. Se cree que es el árbol de la vida, que simboliza el amor y la sabiduría de Dios.

El árbol de la vida en el islamismo

El árbol prohibido o árbol de la inmortalidad también se menciona en el Corán. Otros árboles en el Islam se asemejan al árbol de la vida: el árbol del conocimiento, el árbol infernal y el árbol del loto.

El árbol de la vida en la cábala

En la cábala, una rama mística del judaísmo, el árbol de la vida es un símbolo o ilustración, no un árbol real. Conecta a la humanidad con el ángel y lo divino.

El árbol de la vida en los nativos americanos

Al igual que los celtas, los nativos americanos tienen muchos mitos y leyendas sobre sus árboles sagrados y asignan un significado a cada uno de ellos. En una de estas historias, hablaron de un árbol gigante que conectaba el reino de los espíritus, el mundo físico y los cielos.

El árbol de la vida en la mitología celta

Los celtas y los druidas creían que los árboles los conectaban con sus familias, antepasados muertos y sus dioses y diosas. Creían que el árbol de la vida era un símbolo de la vida después de la muerte y los conectaba con el mundo de los espíritus y los cielos.

Mito sobre el árbol de la vida

El árbol de la vida aparece en muchos mitos y leyendas irlandesas, pero hay un cuento que refleja la importancia del árbol; es el mito de la fundación de Irlanda.

Había un gigante llamado Treochair que vivía en el otro mundo. Un día trajo una rama del árbol de la vida a la Tierra. La sacudió un par de veces, y de ella cayeron bellotas, manzanas y nueces. Luego los plantó en el norte, sur, este, oeste y centro de la isla Esmeralda. Por lo tanto, los cinco árboles sagrados que protegen y custodian a Irlanda fueron creados a partir del árbol de la vida.

Es un roble

Los celtas a menudo describían el árbol de la vida como un roble, ya que es uno de los árboles más antiguos, majestuosos y poderosos del mundo. Si observa cualquier roble, se darás cuenta de que es enorme y uno de los árboles más altos que jamás verá. Por lo tanto, atraen los rayos. Cuando los celtas observaron este fenómeno, creyeron que era un mensaje divino de los dioses que les ordenaba adorar a estos árboles.

Daur es la palabra gaélica para roble, de la que se origina la palabra inglesa door. Esto se deriva de la creencia de que los árboles sagrados son puertas de entrada a otro mundo. De hecho, los celtas creían que si dormían bajo un roble, podrían despertar en el reino de los espíritus.

Los celtas asociaban el corazón de un roble con la fertilidad. También creían que dentro de cada roble se encuentran los secretos y la sabiduría del universo.

Dado que el nombre de los druidas se deriva de la palabra gaélica para roble, se les consideraba los guardianes de la puerta de entrada al otro mundo y expertos en magia de árboles.

Árbol de Betania

Al igual que los nórdicos, los celtas tenían un término para el árbol de la vida, llamado Crann Bethadh en gaélico, que significa el árbol que se alimenta. Cada vez que se mudaban a una nueva ciudad o construían nuevos asentamientos, lo primero que hacían los celtas era plantar un roble para garantizar la abundancia y la prosperidad.

Todos los robles de la antigua Irlanda representaban este símbolo sagrado. No se pensó en construir una ciudad sin este majestuoso árbol erguido y protegiendo las tierras. En tiempos de guerra, los soldados cortaban el Crann Bethadh de sus enemigos. Creían que esto debilitaría sus defensas y los haría vulnerables y fáciles de derrotar. De hecho, a menudo celebraban cuando cortaban el árbol de la vida de sus adversarios porque sabían que sus enemigos perderían la guerra sin su apoyo.

Las partes principales del árbol de la vida

Si observas una ilustración del árbol de la vida, notarás que las ramas y las raíces son largas y están en perfecta simetría, y ambas se reflejan entre sí para reflejar el equilibrio y la armonía. Esta representación no es aleatoria. Tiene un significado más profundo detrás. Las largas ramas que se elevan hasta el cielo y las raíces que se extienden profundamente bajo la tierra simbolizan la conexión entre la mente y el cuerpo, lo espiritual y lo físico, y el cielo y la Tierra.

Los celtas quedaron impresionados por su fuerte sistema de raíces. Observaban el tamaño y el peso del roble y se preguntaban cómo sus raíces se las arreglaban para llevar y sostener algo tan grande. Como resultado, el árbol de la vida se convirtió en un símbolo de fuerza. Hasta el día de hoy, la gente lo mira con asombro por su poder. Aunque muchos otros símbolos celtas reflejan fuerza, ninguno iguala su majestuosidad.

Muchos símbolos irlandeses antiguos incluyen el nudo celta, un patrón de nudo en bucle sin principio ni fin. En otras palabras, es infinito, lo que representa la vida eterna. El nudo en el árbol de la vida significa este ciclo de vida sin fin.

Aunque hay muchos diseños, siempre se muestra como un árbol con múltiples raíces y ramas extendidas por encima.

Interpretaciones de las partes principales del árbol de la vida

- **Raíces:** Simbolizan la conexión con la tierra y la existencia física. Representan la base de la vida y la importancia de mantenerse arraigado en los orígenes. Las raíces también simbolizan la conexión con el pasado y la sabiduría de los ancianos. También encarnan el origen de la familia, como los antepasados o los abuelos.
- **Tronco:** Simboliza el cuerpo y la fuerza física. Representa la capacidad de mantenerse erguido y capear las tormentas de la vida. También personaliza la conexión entre el mundo espiritual y el mundo material. Además encarna a los padres, ya que actúan

como enlace entre las raíces y las hojas. El tronco del árbol existe en la Tierra.

- **Ramas:** Representan el crecimiento y la expansión. Simbolizan el potencial de crecimiento personal y espiritual y la capacidad de alcanzar los cielos. Las ramas también encarnan la vida eterna del alma humana.
- **Hojas:** Simbolizan la abundancia, la fertilidad y la renovación, así como los ciclos de vida y muerte que forman parte del mundo natural. También representan a los descendientes de una familia.

El simbolismo del árbol de la vida

Hay varias interpretaciones de este antiguo símbolo celta. Dado que no hay muchos registros sobre los celtas o cómo solían vivir sus vidas, los estudiosos investigaron y analizaron la poca información que tienen para desarrollar estas explicaciones. Como nada es concreto, puede llegar a sus propias interpretaciones. El árbol puede significar algo diferente para muchas personas dependiendo de cómo le haga sentir.

El significado detrás del árbol de la vida también ha cambiado desde la época de los celtas. Sin embargo, una interpretación sigue siendo la misma: que representa el círculo de la vida.

Inmortalidad

El roble es uno de los árboles más longevos del mundo, ya que puede vivir seiscientos o incluso mil años. Cuando el árbol echa raíces y comienza a morir, sus semillas de bellota pueden convertirse en un gran roble. Curiosamente, esta es la representación perfecta del círculo de la vida. Esto también llevó a los celtas a creer que el roble era inmortal, mientras que otros creían que eran sus antepasados reencarnados.

Conexión espiritual

Los círculos que se encuentran en muchas ilustraciones del árbol de la vida simbolizan la inclusión y la conexión. El árbol también representa la conexión entre los reinos físico y espiritual, el puente entre el cielo y la Tierra. Esto muestra que todos los seres vivos están unidos.

Renacimiento y cambio

Uno puede decir que las estaciones están cambiando al observar los árboles. En el otoño, sus hojas se vuelven amarillas; En la primavera, sus flores florecen y las hojas están llenas de vida. Sin embargo, los árboles no se marchitan ni mueren cuando cambia el clima. Se mantienen fuertes y se adaptan al cambio y siguen creciendo.

Las hojas que caen en invierno y crecen en primavera representan el renacimiento y la vida humana. A pesar de que experimentas cambios todo el tiempo, ya sean negativos o positivos, sigues creciendo y aprendes a soportar y abrazar lo que la vida tiene para ofrecer.

Sabiduría y fuerza

La sabiduría siempre se ha asociado con la vejez. De ahí que los robles se convirtieran en un símbolo de sabiduría y fuerza entre los celtas. Observaron este árbol erguido durante siglos contra los truenos, la lluvia, las tormentas y los constantes ataques de animales y seres humanos.

Los celtas creían que, dado que los robles pasaban más tiempo en la Tierra que cualquier otro ser humano, habían visto muchas cosas en este mundo y soportado adversidades al estar expuestos a condiciones climáticas adversas. Se convirtieron en un símbolo de conocimiento y resistencia.

Familia

El árbol de la vida no solo simboliza el vínculo entre el cielo y la Tierra, sino también las conexiones familiares. Hay una razón por la que las personas a menudo usan el término árbol genealógico cuando hablan de sus antepasados. Las ramas representan a los miembros antiguos de la familia y a todos los niños que han nacido.

Si mira su árbol genealógico, verá fotos de sus antepasados fallecidos y de los nuevos miembros de su familia. Esto simboliza el círculo de la vida, con un final de vida y otro comienzo.

Crecimiento

Dado que los árboles viven durante siglos, crecen lentamente a lo largo de cientos de años. El roble comenzó su vida como una pequeña semilla que creció con el tiempo hasta convertirse en un gran árbol. El árbol de la vida puede representar el crecimiento y cómo los seres humanos siguen creciendo y cambiando hasta el final de sus vidas.

Rituales y celebraciones

Los árboles jugaban un papel importante en los rituales de los druidas y en los festivales y celebraciones celtas. Por ejemplo, para celebrar a Beltane, los celtas decoraban un árbol con flores y cintas para simbolizar el Crann Bethadh y danzaban a su alrededor. Durante Samhain, se reunían alrededor de los robles y rezaban a sus antepasados.

El árbol de la vida en los tiempos modernos

Muchos irlandeses todavía se aferran a las creencias de sus antepasados. Si visita Irlanda, verá cómo incorporan símbolos antiguos en muchos diseños. El árbol de la vida siempre será popular y especial entre los irlandeses de todas las edades. Algunos incluso se lo tatúan en el cuerpo.

También es uno de los diseños más comunes grabados en las urnas irlandesas, ya que muestra que la muerte no es el final. Es un recordatorio de que sus seres queridos no se han ido para siempre; renacerán. En la superficie, el Crann Bethadh parece un árbol normal, pero cuando aprende su verdadero significado, puede brindarle consuelo. La muerte no es algo a lo que temer, sino simplemente un capítulo en el ciclo continuo de la vida. En algunas culturas antiguas, los funerales eran eventos felices porque sabían que la persona se reencarnaría o pasaría la eternidad en el otro mundo.

Muchas culturas y religiones creyeron en el árbol de la vida antes que los celtas. Era un concepto popular al que muchas personas le asignaban significado, leyenda y creencias. Creían que era poderoso y mantenía unido al universo y que el mundo dejaría de existir sin él.

Todas las culturas antiguas necesitaban el concepto del árbol de la vida. Querían algo más grande que ellos para representar el ciclo de la vida y recordarles que la muerte no era el final. Los celtas crearon este símbolo para conectarlos con todas las cosas que estaban fuera de su alcance, como los cielos, el reino de los espíritus y sus antepasados fallecidos. Esto les proporcionó el consuelo de que el universo estaba a salvo y en buenas manos.

Los celtas y los druidas tenían a los árboles en muy alta estima. Al leer sobre su historia, descubrirá que desempeñaron un papel importante en su vida diaria, sus prácticas religiosas y su espiritualidad.

Mirando a su alrededor en la naturaleza, descubrirá que nada es más poderoso o majestuoso que los árboles. Se las arreglan para mantenerse erguidos y fuertes sin importar lo que las fuerzas de la naturaleza les arrojen. Los celtas los encontraron inspiradores. Si también pasa un tiempo en la naturaleza y reflexionas sobre estas magníficas plantas, también le conmoverán.

Capítulo 8: Los animales como símbolos celtas

Los animales influyeron en numerosas partes de la antigua vida celta. Dieron forma a su religión, sociedad, guerra, economía, arte y literatura. Este capítulo profundiza en el papel que desempeñaron los animales en la mitología y la espiritualidad celta. Al leerlo, entenderá qué es el animismo y su significado en la antigua sociedad celta. Descubrirá cómo los antiguos celtas se acercaban e interactuaban con los animales y se encontrará con muchas historias interesantes e informativas de deidades relacionadas con los animales en el panteón celta.

Los animistas son capaces de conectarse con la naturaleza espiritual y místicamente[49]

¿Qué es el animismo?

Existe la idea errónea de que el animismo es una religión. Si bien el animismo está profundamente ligado al mundo de la espiritualidad, es una perspectiva del universo específica de la cultura. Los animistas creen que hay otro mundo donde residen los espíritus. Según esta creencia, los espíritus pueden entrometerse en los asuntos humanos, ofrecer protección y orientación, o dañar a las personas. El animismo es la creencia de que todo en la naturaleza, como las plantas, los animales, las rocas y los cuerpos de agua, tiene un espíritu.

Los animistas tienen una forma única de experimentar el mundo. Saben cómo conectarse con la naturaleza entendiendo las frecuencias energéticas que conectan todo. Dado que los animistas tienen vibraciones energéticas más altas y están sintonizados con las energías del universo, tienen niveles más altos de conciencia. Esto enriquece sus esfuerzos espirituales y los hace más receptivos a los mundos natural y espiritual. Los animistas entienden que lo sobrenatural está interconectado con lo terrestre.

Los antiguos celtas y el animismo

El animismo se entretejió en la antigua tradición celta porque, en ese momento, el mundo se basaba predominantemente en la naturaleza y todas las cosas naturales. Los animales salvajes vagaban libremente y los humanos desarrollaron una cultura forestal. Rezaban a los robles, vivían en montañas y bosques, buscaban sombra bajo los árboles, cazaban y recolectaban para sustentarse. Prosperaron gracias a la agricultura y basaron su calendario y festividades en el sol y la agronomía. No hace falta decir que los antiguos celtas estaban mucho más conectados con la naturaleza que los humanos del mundo moderno.

Los antiguos celtas dependían de los recursos naturales para sobrevivir, por lo que rezaban fervientemente a sus dioses por cosechas abundantes, suelo fértil y buen clima. Creían que debían retribuir al mundo y a las deidades para cosechar las recompensas de la Tierra, por lo que vivían en armonía y profundamente conectados con la naturaleza. Realizaban rituales, hacían ofrendas y vivían concienzudamente para desempeñar su papel en el universo.

Los antiguos celtas creían que todo en la naturaleza estaba protegido por un espíritu guardián. También pensaban que los animales eran los mensajeros de las deidades. Algunos relatos sugieren que los antiguos celtas pensaban que algunas de las deidades se manifestaban en forma de animales, mientras que otros afirman que veneraban a la naturaleza sin pensar necesariamente que las deidades tomaban la forma de animales. Independientemente de la relación entre los animales y las deidades, los manantiales, las colinas, las cuevas y los ríos, junto con otros elementos de la naturaleza, se consideraban sagrados.

Los celtas celebraban rituales y oraciones en ciertos lugares de la naturaleza porque creían que servían como un portal al reino espiritual. Establecieron santuarios y lugares de culto cerca de arboledas. Aquí es donde celebraban sus reuniones sociales y espirituales y llamaban a los poderes mágicos de los robles en busca de ayuda y consejo. Los antiguos celtas tenían arboledas secretas a las que llamaban *nemeta*. Creían que estos representaban la unidad entre la tierra y los cielos. Las raíces simbolizaban la Tierra y las ramas encarnaban el cielo.

Los antiguos celtas también creían que los cuerpos celestes, el clima y otros fenómenos como tormentas y tsunamis eran seres vivos. Para asegurarse de que el sol siga brillando, que llueva a niveles adecuados y que el mar no permanezca ni demasiado tranquilo ni demasiado enojado, tuvieron que apaciguar y reconocer a estas entidades. Los celtas estaban particularmente preocupados por el trueno, como se ve en las muchas representaciones de este fenómeno. Para subrayar la importancia del trueno, los celtas adoraban a Taranis, que no solo era el dios del trueno, sino que era la personificación del suceso en sí.

Lo que aprendieron de los animales

Los celtas creían que tenían mucho que aprender de los animales. A pesar de que los animales tienen sus propios lenguajes, cerebros y psiques, todavía están entrelazados con la naturaleza. Los animales están plenamente presentes y son conscientes de su entorno cuando están en la naturaleza. Los animistas interpretan de cerca el comportamiento animal y creen que pueden recibir mensajes del universo o de poderes superiores a través de ellos o ver presagios en los cambios en sus comportamientos. Las deidades que comparten características similares con ciertos animales a menudo recibían su nombre. *Epona*, la diosa de la fertilidad y protectora de los equinos, significa "caballo", y el nombre de la diosa celta del oso, Artio, también significa "oso".

Los antiguos celtas encontraron al menos algunos rasgos para admirar en casi todos los animales. Estaban seguros de que los animales habían sido bendecidos con una presencia única que los humanos nunca podrían cumplir, así como con rasgos y habilidades de los que carecían los humanos. Sabían que la única forma ética de beneficiarse y aprender de estas habilidades era honrar a los animales y acercarse a ellos con humildad y respeto.

Los animales en la mitología celta
El cuento del Cailleach

Un mito celta escocés giraba en torno a una bruja de la tormenta. Cailleach, la bruja, encarnaba la fuerza de la naturaleza y fue la responsable de desencadenar la primera nevada de la temporada. Por lo general, la bruja se ilustraba con una enorme capa a cuadros. Tenía una cara azul espantosa y el pelo largo y blanco. Siendo la deidad bruja del invierno, el cabello de Cailleach tenía motas de escarcha. Los celtas creían que tenía un ojo en medio de la frente, lo que significaba su capacidad para ver todo lo que sucede en todos los reinos. Esta era una característica compartida por todas las deidades omnipresentes.

El término gaélico *Cailleach* se deriva de la palabra *pallium* en latín, que se traduce como "velo". Es posible que los antiguos celtas hayan elegido el nombre de "velada" para referirse a la deidad de la bruja y resaltar su misteriosa esencia. Cailleach, sin embargo, ahora se interpreta vagamente como la "vieja esposa".

La leyenda dice que Cailleach fue a un estrecho cerca de la costa para lavar su manta. La capa de tartán era demasiado grande y pesada como para provocar una furiosa tormenta. El golfo de Corryvreckan, el estrecho en el que se encontraba, es conocido hoy en día por ser uno de los remolinos más grandes de la Tierra. El término *Corryvreckan* se traduce como "caldero de la tela escocesa".

El manto de la anciana se volvió tan blanco como la nieve y cubrió todo el país durante el invierno. Los animistas celtas creen que Cailleach es la deidad más poderosa del panteón escocés. En ese momento, el invierno era tan largo y duro que la gente tenía que acercarse y reconocerlo cortésmente. Las deidades en otras partes del mundo, como Grecia, eran conocidas por su belleza y lo que se consideraban características ideales en ese momento. Esta es la razón por la que muchas personas no entienden por qué alguien adoraría a una anciana.

Con poca tecnología y sin ningún lugar donde esconderse del calor abrasador del verano, los inviernos helados, los animales salvajes y otros fenómenos naturales, los antiguos celtas entendieron que la naturaleza era inesperada, implacable y aterradora. Cailleach encarnaba este aspecto oscuro y aterrador de la naturaleza y era muy venerado por ello.

Roberto I y la Araña

El rey de Escocia en ese momento, Roberto I, huyó a las islas de Escocia después de que su ejército fuera conquistado en la guerra. Encontró una cueva aislada en las islas, donde buscó refugio y elaboró cuidadosamente un plan. Al pasar al menos unos meses allí, el rey a menudo se ocupaba observando a una araña mientras construía meticulosamente su tela.

Después de que Roberto I, el rey de Escocia, fuera derrotado en batalla, buscó refugio en las islas occidentales de la nación. Terminó quedándose en una cueva durante unos meses mientras planeaba su próximo paso. Según la leyenda, el rey observó a una araña construir minuciosamente una telaraña. A pesar de que la araña promedio tarda alrededor de 60 minutos en construir su refugio, el clima hizo que el proceso fuera particularmente difícil para este arácnido.

Las tormentas destrozaban la telaraña cada vez que la araña la creaba. La pequeña criatura, sin embargo, no se rindió. Siguió reconstruyendo la web hasta que finalmente lo logró. Habiendo sido criado en una sociedad animista, Robert I aprendió mucho de la araña. El mensaje era claro: tenía que hacer frente a lo que tenía delante sin darse por vencido, y este mensaje tenía que llegar a todos.

Animismo y caza

A pesar de que los antiguos celtas veneraban a los animales, tenían que cazar para alimentarse. Se acercaban a sus presas con honor y respeto porque creían que sus vidas dependían de la vida y la muerte de estos animales. Creían que la caza era una actividad venerada y que no podían quitar la vida a los cazados sin la bendición de las deidades correspondientes. A veces sacrificaban animales domésticos a las deidades correspondientes para ganarse sus bendiciones.

También creían que no estaban dañando la naturaleza matando animales. A pesar de que tomaron algo de la naturaleza, le dieron algo a cambio. Se pensaba que el derramamiento de sangre de los animales muertos contenía los nutrientes necesarios y el poder revitalizante. El acto sagrado de cazar se celebraba porque contribuía al crecimiento de la naturaleza, a la vida de los cazadores y a las personas que alimentaban.

La leyenda de los selkie

Los antiguos celtas creían que algunos espíritus venían de varios mundos a la vez. El selkie, una criatura mitológica, era uno de ellos. Se pensaba que los selkies escoceses eran lo suficientemente poderosos como para transformarse de su forma de foca en un humano una vez que abandonaron el mar. Hay una historia de un hombre que vio un selkie mientras estaba en la playa.

Esta selkie tomó la forma de una hermosa mujer. El hombre se enamoró y decidió robar la piel de foca que había mudado para poder seguir siendo humana. La obligó a casarse con él y a tener a sus hijos. Pasaba la mayor parte del tiempo contemplando el mar, echando de menos lo que había sido su hogar. Unos años más tarde, la mujer finalmente encontró su piel de selkie y saltó al océano. Amaba a sus hijos, pero aun así quería volver a casa. Algunas versiones del cuento cuentan que los selkie los visitan todos los años.

Los kelpies astutos

El kelpie es otra criatura que cambia de forma en la mitología escocesa. La figura parecida a un caballo puede tomar forma humana, pero algunos relatos sugieren que conserva sus cascos. Algunos investigadores explican que las creencias cristianas que rodean a Satanás y las pezuñas provienen de esto. Se cree que los kelpies inhiben los ríos y áreas aisladas de Escocia. Los kelpies son principalmente blancos o grises y tienen melenas largas y húmedas. Se les aparecen a sus víctimas, convenciéndolas de alguna manera de que sigan adelante. Una vez que el humano monta el kelpie, el poni despega y lo ahoga en el agua.

La Morrigan y Cu Chulainn

La Morrigan, la deidad de la guerra, es conocida popularmente como la triple diosa. La deidad podía decir qué guerreros morirían en la batalla antes de que llegara el momento de luchar. Sus predicciones también le permitieron dirigir el resultado de la guerra en la dirección deseada. Fue capaz de transformarse en un cuervo y voló sobre los campos de batalla. En general, se cree que los cuervos son un mal presagio, por lo que su presencia infundió miedo en los nervios de los guerreros o los motivó a luchar más duro.

La diosa se enamoró de Cu Chulainn, un guerrero heroico que era mitad humano y mitad divino. Conocida por su belleza, la Morrigan podía seducir a los hombres más poderosos. Sin embargo, sus trucos no funcionaron con Cu Chulainn cuando se acercó a él antes de que fuera a la guerra. Él la rechazó, lo que la llevó a buscar venganza.

En medio de la batalla, la diosa decidió transformarse en una anguila, nadar hasta el héroe guerrero y hacerle tropezar. Cu Chulainn, naturalmente, golpeó al animal y continuó luchando. La deidad se transformó una vez más en un lobo gigantesco. Corrió hacia él, empujando el ganado hacia el héroe. Una vez más, se defendió y arrojó una piedra al ojo del lobo. La Morrigan se quedó ciega temporalmente, pero se transformó en una vaca por última vez. Reunió un rebaño de vacas y se dirigió hacia Cu Chulainn.

Él, sin embargo, se apartó rápidamente del camino de la manada y arrojó otra piedra al Morrigan. Esta vez, la piedra golpeó y le rompió la pierna. Lo suficientemente herida, la diosa decidió aceptar la derrota. Después de que el héroe guerrero ganara la batalla, se encontró con una anciana en su camino de regreso a la base. La señora estaba ordeñando una vaca, pero Cu Chulainn estaba demasiado cansada para notar sus lesiones en las piernas y los ojos. Sin darse cuenta de que ella era la Morrigan, se detuvo justo frente a la mujer y entabló una conversación con ella.

La mujer, que parecía gentil e inofensiva, le ofreció a Cu Chulainn un vaso de leche que él aceptó. Se bebió todo el vaso, pero no sabía que beber la leche curaría a Morrigan y le daría fuerzas. A Morrigan ya no le importaba luchar contra Cu Chulainn. Engañarlo para que la curara era suficiente venganza para ella.

El héroe guerrero y la diosa se cruzaron una vez más justo antes de morir. Cu Chulainn se dirigía a otra batalla cuando vio a una mujer limpiando la sangre de la armadura. Sabía que esta visión era un muy mal presagio cuando estaba a punto de enfrentarse a un enemigo. Cu Chulainn continuó caminando hacia el campo de batalla a pesar de todo.

Esta batalla, tal como anticipó, fue el final de Cu Chulainn. Fue gravemente herido, pero aun así logró luchar hasta su último aliento. El héroe se ató a una roca, con la esperanza de asustar a los enemigos que pasaran por allí. La Morrigan, en forma de cruz, descansó sobre su hombro hasta que falleció pacíficamente.

Cernunnos, el dios de la cornamenta

Cernunnos era una deidad que aparecía en forma mitad humana mitad ciervo. Fue traído al mundo durante el solsticio de invierno, conocido como el día más oscuro del año. A pesar de que se le asociaba con el duro y lúgubre invierno, la deidad se casó con Beltane, la diosa de la primavera. Sin embargo, su felicidad no duró mucho porque murió seis meses después, en el solsticio de verano. Los celtas creían que era un sabio maestro, por lo que lo representaban con las piernas cruzadas.

Cernunnos era la deidad del inframundo, los animales, la prosperidad y la fertilidad. Se sabe muy poco sobre el dios con cuernos, lo que refuerza aún más su misteriosa fachada. No surgieron cuentos mitológicos sobre él, por lo que la mayor parte de lo que se sabe sobre él proviene de la iconografía celta. Su representación más notable lo muestra cargando una serpiente y un torco, rodeado de varios animales, como un cuervo, un perro y un ciervo. Cernunnos gobernaba sobre la naturaleza y los animales. Los investigadores sugieren que los antiguos celtas trajeron las ofrendas de las deidades de alces, serpientes, lobos y otros animales para agradecerles por crear la paz entre los enemigos. Era un protector estimado y un hombre sabio entre las tribus.

Otra imagen retrata a la deidad como un hombre calvo con orejas de ciervo. Su cabeza calva es una alusión a la ancianidad y la sabiduría. Se cree que su cornamenta es un reflejo de su humildad y firmeza. El torque refleja su poderoso estatus y su capacidad para conquistar enemigos y ofrecer coraje y protección a quienes los necesitan.

La creencia de que nació en el solsticio de invierno y murió en el solsticio de verano sugiere que está asociado con niveles elevados de energía, experiencias espirituales increíbles y aumentos. Sin embargo, dado que murió justo dentro de la segunda mitad del ciclo agrícola, el dios con cuernos no fue bendecido con los rasgos introspectivos asociados con la temporada de cosecha. El matrimonio de Cernunnos con Beltane, sin embargo, trajo cierto equilibrio a su vida.

El significado del ciervo

El ciervo es un símbolo de sabiduría y conocimiento en las tradiciones celtas. Este animal también se asocia con el ciclo natural de la vida. Simboliza la vida, la muerte y el renacimiento, ya que le vuelve a crecer un nuevo conjunto de astas cada año. Los ciervos blancos también son particularmente significativos espiritualmente porque representan la pureza. Están relacionados con las energías divinas y la iluminación espiritual.

Los ciervos son animales poderosos, lo que los convierte en símbolos de masculinidad, motivación y vitalidad. Muchas personas espirituales creen que cruzarse con un ciervo sirve como un recordatorio de la fuerza interior y la perseverancia de uno. Estos son los animales espirituales a los que hay que recurrir o los animales a los que hay que observar cada vez que te sientes atrapado en la vida.

Los ciervos son naturalmente propensos a vivir en soledad, por lo que los animistas creen que pueden aprender a ser independientes y autosuficientes de ellos. Los ciervos recuerdan a las personas que el tiempo a solas es necesario para reflexionar y experimentar el crecimiento mental, emocional y espiritual.

Se cree que el ciervo es el protector de los demás animales y, por lo tanto, se le considera el rey del bosque. El liderazgo, la tutela y la guía son algunas de las cualidades de este animal, por lo que las deidades asociadas a él, como Cernunnos, asumen papeles importantes en su sociedad. El ciervo también sirve de puente entre lo terrestre y lo celestial, así como entre lo masculino y lo físico. Aporta armonía y equilibrio al mundo, por lo que los antiguos celtas también creían que era un mensajero espiritual. Encontrarse con un ciervo significaba que necesitaban involucrarse más espiritualmente o ser más receptivos a las señales de lo divino.

Independientemente de si cree en la mitología y el folclore celta, puede aprender mucho de los antiguos celtas. Observar cómo los animales interactúan con la naturaleza, tratarlos con respeto y comprender su papel en el mundo puede enriquecer su experiencia espiritual y aumentar su conciencia. La próxima vez que vea una araña tejiendo su tela, o una foca moviéndose hacia la orilla, pregúntese cómo un animista o un antiguo celta habrían reflexionado sobre el suceso.

Capítulo 9: Adivinación celta

La adivinación es un método para buscar conocimiento sobre eventos desconocidos del futuro. Los antiguos celtas usaban la adivinación para descubrir lo que se encuentra debajo de la superficie de lo que sucedía a su alrededor y cómo se conectaba con el universo. El método de adivinación celta más extendido involucra el alfabeto Ogham, que se ha convertido en una herramienta de profecía popular en los tiempos modernos, pero no estaba bien documentado en la antigüedad. Las diferentes técnicas de adivinación de Ogham se transmitieron de generación en generación, y se desconoce cuál se consideraban la más precisa. El método de adivinación Ogham es el más utilizado en Irlanda, de donde se cree que proceden las letras Ogham.

Los celtas descifran los símbolos de Ogham para saber más sobre su futuro [50]

La metodología Ogham funciona como cualquier otra herramienta de adivinación. Después de investigarlo y familiarizarse con el método, el practicante se siente cómodo manejándolo regularmente. Luego, pueden hacer preguntas sobre eventos, situaciones, personas y resultados que les interesen. Las preguntas se pueden hacer a las deidades, al espíritu de Ogham y a los guías espirituales con los que se quiere conectar o trabajar. Puede presentar su cuestión verbalmente o escribirla e incorporar cualquiera de los dos métodos en tus rituales de adivinación. Puede hacer cualquier pregunta que desee, pero se recomienda a los principiantes que mantengan sus consultas simples. Al hacer una pregunta simple, puede concentrarse en ella y en la respuesta mucho mejor. Una vez que practique esto durante un tiempo, puede comenzar a hacer preguntas más complejas durante la adivinación.

El uso de la adivinación de Ogham es una excelente manera de aprender a comprenderse a sí mismo, para ver cómo se desarrolla su vida y comprender por qué, y, si es necesario, hacer cambios para lograr resultados diferentes. En la antigüedad, los celtas usaban esta herramienta para asegurar una cosecha abundante, finales favorables en la batalla y hazañas similares. La adivinación Ogham se menciona en varios poemas irlandeses, incluyendo el Bríatharogaim (Morainn mac Moín, Maic ind Óc y Con Culainn), que fueron comúnmente utilizados como ideas adivinatorias por los antiguos irlandeses. Algunos practicantes modernos todavía usan estos textos como herramientas poéticas para memorizar los nombres de las letras del alfabeto Ogham y los significados espirituales que se les atribuyen.

Hoy en día, los practicantes usan Ogham para descubrir cómo avanzar en la vida, cambiando ciertos aspectos de la misma. Es un método particularmente popular entre los druidas, que se someten a un largo entrenamiento para adquirir experiencia en el desciframiento de mensajes espirituales complejos que reciben de deidades y guías espirituales. Por supuesto, no tiene que practicarlo durante años como lo hacen ellos, pero aun así tendrá que ser paciente si es un principiante. Sin ningún conocimiento de adivinación y cómo interpretar los mensajes, tomará algún tiempo aprender a hacerlo. Puede empezar eligiendo una parte de su vida que quiera explorar y centrarse en ella mientras practica.

La adivinación Ogham se basa en un conjunto de 25 símbolos, cada uno asociado con las letras de las antiguas escrituras gaélicas irlandesas. Cada símbolo denota el nombre de una letra relacionada con las otras dentro de su Aicme (agrupación). Los símbolos son la clave de los significados estratificados y profundamente arraigados que puede aplicar al interpretar las respuestas a sus preguntas. Dependiendo del contexto, cada letra puede tener un simbolismo diferente.

Según los neopaganos y otros practicantes de la nueva era, la adivinación Ogham proviene de una versión del oráculo del árbol celta y se basa en el calendario del árbol celta. Fuentes más antiguas afirman que esto es inexacto. Apuntan que hay mucho más en el Ogham que su conexión con la tradición de los árboles, en la que los practicantes de la nueva era suelen centrarse. La filosofía basada en los árboles aparece en el libro White Goddess, escrito por Robert Graves, un destacado poeta, crítico y novelista histórico inglés. Aquellos que basan su trabajo en las antiguas tradiciones celtas y druídicas ven las asociaciones de árboles como una parte necesaria de la comprensión de los mensajes proféticos, pero no confían exclusivamente en ellas. Lo combinan con otros métodos de adivinación o trabajo espiritual.

Lanzamiento y lectura de símbolos Ogham

Tradicionalmente, los símbolos Ogham están grabados en pentagramas de madera. Los pentagramas se utilizan durante los rituales de adivinación. Sin embargo, dado que son líneas simples que cualquiera puede replicar, los símbolos se pueden inscribir e incluso escribir en cualquier superficie. Simplemente puedes escribirlos en papel, tallarlos en pequeños palitos de madera para crear tu propio juego o comprarlos en la forma más conveniente.

Los símbolos Ogham se leen de abajo hacia arriba. Los métodos tradicionales para fundir las duelas incluyen sacarlas de una bolsa, arrojarlas sobre una tela o colocarlas en un patrón específico.

El método de dibujo suele recomendarse para principiantes. A continuación te explicamos cómo hacerlo:

1. Llene una bolsa con tus pentagramas, también puede usar una caja, un sombrero o cualquier recipiente que le resulte conveniente.
2. Escoja un pentagrama y sáquelo del recipiente sin mirarlo.
3. Concéntrese en su intención, haga una pregunta y mire el símbolo. Piense en lo que significa para usted. También puede consultar los significados predefinidos de los símbolos.
4. Cuando sienta que ha recibido una respuesta, complete su lectura guardando los pentagramas.

5. Si no obtuvo una respuesta o no sabe cómo interpretarla, no se preocupes. Esto es común para los novatos y solo significa que tiene que practicar.

6. Una vez que tenga la esencia de la práctica, puede empezar a elegir tres pentagramas del recipiente y seguir los mismos pasos que se muestran arriba. Estas son vías para aprender sobre los resultados pasados, presentes y futuros.

Elegir y fundir varios pentagramas colocándolos sobre un trozo de tela es otro método fácil de hacer. A continuación, se explica cómo ejecutarlo:

1. Elija el número de símbolos que desea interpretar. Dependiendo de su experiencia y de la naturaleza de la información que busque, esto puede variar de tres a seis a nueve.

2. Coloque un pedazo de tela frente a usted. Hágalo en un lugar tranquilo donde no le molesten.

3. Meta la mano en el recipiente con las duelas y comience a sacarlas. Tírelas frente a usted una por una.

4. A medida que tome cada pentagrama en tus manos, piense en su intención y en las preguntas que quiere hacer. Tómese unos minutos para conectar su intención con cada pentagrama.

5. Tómese unos momentos adicionales para mirarlos cuando estén todos frente a usted y contemple sus significados.

6. Cuando esté listo, piense en cómo los símbolos que ve pueden responder a su pregunta o consultas.

Crear un pliego requiere más experiencia y se recomienda para aquellos que dominan las dos primeras técnicas. A continuación, le explicamos cómo hacerlo:

1. Piense en lo que quiere aprender durante la lectura. Por ejemplo, puede explorar los resultados pasados, presentes y futuros, los aspectos espirituales, emocionales y físicos de su vida, o sus conexiones con una deidad, antepasados y espíritus.

2. Saque tres duelas de tu recipiente y colóquelas frente a usted. Concéntrese en el trío de aspectos que ha elegido explorar.

3. Por ejemplo, si eligió los aspectos temporales, el primer pentagrama dará sus respuestas sobre eventos pasados que afectan su resultado, el segundo sobre el presente y el tercero sobre lo que puede esperar en el futuro.

4. Reflexione sobre los significados de los pentagramas que tiene delante. Cuando tenga sus respuestas, termine el ritual.

Si bien el método de un pentagrama generalmente se basa en el significado vertical de los símbolos, si va a usar cualquier otra técnica, considere también el simbolismo inverso de los pentagramas. Otro consejo útil es tener siempre la mente abierta cuando se hace una pregunta profética y se espera una respuesta. Considere varias opciones y evite hacer preguntas que puedan responderse con un "sí" o un "no". Recuerde, tampoco hay respuestas correctas e incorrectas. Si bien la explicación que obtiene podría tener sentido para usted de inmediato, si sigue escuchando a su intuición, pronto se volverá mucho más clara.

Cultivando su relación con los símbolos

La mejor parte de la adivinación de Ogham es que puede cultivar una relación personal con los símbolos y sus energías. Esta práctica se basa en habilidades que le permiten comprometerse con las partes físicas, emocionales, espirituales y mentales de usted mismo. Naturalmente, necesitará disciplina y paciencia, pero los resultados serán aún más gratificantes. Desbloqueará su potencial natural, se conectará con su pasado, presente y futuro y recuperará el equilibrio y la armonía en su vida. Aprenderá cómo encaja en este universo, revelará su propósito y aprenderá sobre su herencia (si está interesado en explorar una posible ascendencia celta).

Para construir una conexión con los símbolos, también debe comprometerse con dos reinos de la cosmología celta, el otro mundo y el mundo real. Esto le dará acceso a información oculta para la mayoría de las personas, y usará este conocimiento para mejorar su vida y la de quienes le rodean. A continuación se presentan algunas de las mejores formas de cultivar su relación con los símbolos de Ogham.

Desarrollar una conciencia más profunda y la atención plena a través de la meditación

Una excelente manera de formar una conexión con los símbolos es desarrollar y mejorar sus habilidades de conciencia y atención plena. La meditación es una técnica de atención plena diseñada para mejorar la concentración, que es el primer paso para tomar conciencia de ti mismo y de tu entorno. Cuando medita, comienza a notar una poderosa sensación de presencia, que son sus energías. Se está abriendo a la posibilidad de encontrar y abrazar nuevas conexiones y relaciones.

La meditación también le ayuda a ver lo que realmente importa y enfoca su energía en manifestar su intención. La mayoría de las veces, esto significa tomar medidas que provoquen cambios. La meditación puede ayudarle a alcanzar conocimientos sobre su mundo interior, para que pueda tomar decisiones más informadas.

Implementar las prácticas Ogham en tu vida

Los rituales y prácticas regulares Ogham son fundamentales para mejorar su salud espiritual y mental, lo que, a su vez, le ayudará a formar conexiones más fuertes con el espíritu Ogham y las deidades y guardias con los que elija trabajar. Una excelente manera de comenzar a introducir las prácticas de Ogham en su vida diaria es observando la Luna mientras sostiene los símbolos. A medida que hace esto día tras día, comienza a sentir los cambios en su energía y en las de los signos. Surgirán patrones y comenzará una alineación cíclica. Es una buena idea llevar un registro de lo que encuentre para ver cómo se desarrolla su conexión con los símbolos con el tiempo.

Además de dibujar un símbolo Ogham todos los días, puede comenzar a hacer pequeños rituales diarios como establecer intenciones, sostener los pentagramas en la mano mientras medita o dedicar tiempo a contemplar en silencio los significados de los pentagramas. Conectarse conscientemente con los símbolos a diario es una manera fantástica de mejorar la concentración, eliminar las distracciones y aumentar su conciencia. Se sentirá más en sintonía consigo mismo, con los símbolos y los reinos de la cosmología celta.

Abrirse a las energías naturales

Para conectarse con los símbolos, debe aprender a abrazar las energías naturales que le rodean. Abrirse a estas energías le permitirá trabajar con cualquier herramienta espiritual, incluida la adivinación Ogham. Tómese unos minutos diarios para pasar tiempo con los pentagramas y sentir plenamente su energía. Pueden ser poderosos, pero no tenga miedo ni se desanimes. Invítelos a su vida. Hágalo al aire libre, donde pueda sentirse más cerca del mundo natural. Simplemente siéntese en un lugar aislado en la naturaleza y disfrute de todo lo que lo rodea: los aromas, las imágenes, los sonidos y todo lo que nota sobre su entorno. Alternativamente, puede pasar tiempo en espacios liminales donde también puede estar cerca del otro mundo. También es fundamental explorar sus energías. Los espíritus pueden ser grandes aliados en una práctica de adivinación.

Interpretación de las lecturas Ogham

Además de ser una poderosa herramienta de adivinación, los símbolos de Ogham representan una mezcla única de sabiduría mística y mundana, que resuenan dentro de todos. Sus significados están profundamente conectados con los ciclos naturales de la vida y las tradiciones de los antiguos celtas. Asegúrate de tener esto en cuenta cuando aprendas a interpretar las lecturas de Ogham.

Aquí hay algunos otros factores a considerar al interpretar los símbolos:

- Cada símbolo está asociado con un árbol sagrado, pero puede tener muchos otros significados metafóricos con los que puedes conectarte espiritualmente.

- El vasto conocimiento que transmiten los símbolos garantiza que se tomará el tiempo para reducir la velocidad. Necesitará tiempo para aprender sus significados únicos.

- Puede interpretar los símbolos Ogham como las runas y las cartas del Tarot asignándoles una intención y una pregunta y luego eligiendo cómo presentarlos.

- Las lecturas de uno y tres pentagramas funcionan mejor para los principiantes porque son lo suficientemente simples de interpretar.

He aquí un ejemplo de cómo hacer esto en la práctica:

1. Por la mañana, formule una pregunta que desee que le respondan. Por ejemplo, puede preguntar algo como:

   "¿Qué debo hacer para aprovechar al máximo este día?".

2. Enfocándose en la pregunta, saque tres pentagramas de su bolsa o caja. Colóquelos uno al lado del otro.

3. El de la izquierda le proporcionará información sobre usted, el del medio muestra los eventos y situaciones que encontrará durante el día, y el de la derecha le muestra el resultado.

4. Fíjese en los símbolos para ver su posición y su posible significado. ¿Alguno de ellos está invertido? Si es así, esto podría indicar que algo es contrario a lo que le gustaría que fuera.

Trabajar con los símbolos

Hay numerosas formas de trabajar con los símbolos Ogham. Por ejemplo, puede incorporarlos a la meditación o combinarlos con otras formas de adivinación. Si elige esta última, puede, por ejemplo, elegir el trabajo o el viaje de sus sueños. La profecía de los sueños se recomienda para los principiantes que tienen dificultades para descifrar e interpretar los mensajes mientras están despiertos. Para ello, solo tiene que coger un pentagrama (o tres) y hacer la pregunta que quiere que le respondan antes de irse a dormir. La resolución llegará en sus sueños. Mantenga un pedazo de papel en su mesita de noche. Debe escribir los mensajes que ha recibido tan pronto como se despierte.

Meditación Ogham

Cuando se trabaja con Ogham, una técnica de meditación que se basa en la antigua tradición de los árboles puede dar una visión mucho mejor. Canalizar la energía de los árboles mientras medita le permite familiarizarte aún más con las energías espirituales que le rodean, incluidas las de los símbolos. Aunque las instrucciones le pedirán que comience su círculo desde el norte, siéntase libre de comenzar con la dirección que resuene contigo. Algunos practicantes prefieren comenzar desde el este, mientras que otros alternarán los enfoques según las estaciones.

Herramientas que necesitará:

- Duelas de madera, o varitas. Algunos practicantes prefieren usar árboles asociados con el alfabeto Ogham. Sin embargo, también pueds usar los pentagramas que los simbolizan.
- Una vela grande.
- Incienso.
- Un recipiente pequeño, preferiblemente de vidrio o cerámica, para el incienso.
- Una copa de vino, cerveza o hidromiel.
- Cualquier objeto que desee utilizar para mejorar el enfoque.
- Superficie de trabajo: un altar portátil o una mesa pequeña que haya limpiado.
- Una silla o un cojín, dependiendo de dónde vaya a sentarse.
- Música o sonidos para meditar – opcional.

- Athame – opcional.
- Ropa ritual o joyas, talismanes – opcional.
- Cuatro velas más pequeñas representan los cuatro puntos cardinales.

Instrucciones:

1. Elija el mejor lugar para meditar. Si va a realizar el ritual al aire libre, busque un entorno natural aislado. Si medita en interiores, asegúrese de que nada ni nadie le moleste.
2. Establezca una intención para su ritual de meditación. Le ayudará a mantenerse enfocado.
3. Elija los árboles con la energía que quiere canalizar. Por ejemplo, para la fuerza y el crecimiento, necesitará roble. Para el equilibrio y la empatía, use acebo. Mientras que para protegerse y alejar las energías negativas, lo mejor es trabajar con espino.
4. Puede usar una varita o un pentagrama o diferentes con energías similares para realzar una intención en particular. Evite canalizar la esencia de más de tres árboles a la vez. Se aconseja a los principiantes que utilicen un solo árbol.
5. Coloque las cuatro velas más pequeñas de modo que se coloquen en el este, el oeste, el norte y el sur para completar un círculo sagrado. Le ayudará a canalizar y equilibrar las energías dentro del círculo.
6. Coloque una mesa o un altar portátil en el centro del círculo. Ponga la vela grande, las varas o pentagramas, el incienso y el objeto para enfocarlo en la mesa o el altar.
7. Una vez que todos los elementos estén sobre la mesa, encienda el incienso y la vela mientras se concentra en su intención. Si lo desea, inicia la música de meditación o la grabación de sonido.
8. Cuando esté listo para comenzar el ritual, respire hondo y mire hacia el norte. Continuando respirando profundamente, de la bienvenida al elemento de la Tierra y a la esencia del árbol que está tratando de canalizar. Piense en las propiedades de este árbol y exprese su respeto por ellos en silencio o en voz alta.
9. Moviéndose en el sentido de las agujas del reloj, repita el paso desde arriba en la dirección este, sur y oeste, respectivamente. Mientras hace esto, toque el pentagrama o la varita un par de veces para potenciar su conexión física con el árbol.

10. Si va a usar un athame, apúntelo en la dirección en la que esté mirando cada vez. Una vez que haya saludado al árbol en la última dirección, habrá completado su círculo sagrado.
11. Dependiendo de sus creencias y prácticas, ahora puede invitar y dar la bienvenida a cualquier guía espiritual o deidad al círculo.
12. Siéntese frente a su mesa o altar portátil. Una vez más, puedes elegir en qué dirección quiere mirar. Solo asegúrese de estar cómodo, para que pueda concentrarse en su intención y en los objetos que usará para manifestarla.
13. Tómese unos minutos para observar la vela, los pentagramas o varitas y cualquier otro elemento que utilice para concentrarse.
14. Cuando se haya familiarizado y conectado con este último, tome un sorbo de la taza. Sienta cómo el líquido viaja a través de usted, relajando su mente, cuerpo y espíritu.
15. Use una técnica de meditación familiar para una mayor relajación. Por ejemplo, puede optar por dejar que sus párpados caigan lentamente mientras respira profundamente y concentrarse en cómo le hace sentir. O puede mirar dentro de la vela mientras respira profundamente, hasta que se relaje y alcance una etapa más profunda de conciencia.
16. Una vez que esté en un estado de meditación profunda, estará listo para explorar los reinos de la sabiduría, la adivinación y la inspiración. Permanezca en este estado todo el tiempo que desee.
17. Cuando termine su meditación, tendrá que cerrar el ritual. Comience mirando hacia el oeste, agradece al elemento agua y a la energía del árbol por su ayuda y despídete de ellos.
18. Si has convocado a algún guía espiritual o deidad, envíele también una oración rápida de gratitud.
19. Muévase en sentido contrario a las agujas del reloj hacia el sur, el este y el norte. Una vez más, la dirección con la que comenzar es opcional, pero asegúrese de moverse en sentido contrario a las agujas del reloj desde la dirección en la que comience a desmantelar el ritual.
20. Apague el incienso y las velas, retire el resto de los artículos de la mesa y guarde el pentagrama o la varita que usó. Alternativamente, puede abandonar el círculo activo dejando todo sobre la mesa, pero apagando las velas.
21. Cuando esté listo, guarde todo.

Bonus: Meditaciones en los árboles

Los árboles han sido adorados a lo largo de la historia por muchas culturas, pero siempre han ocupado un lugar especial de reverencia en las tradiciones celtas. Los árboles son universalmente considerados como un símbolo de sabiduría y vida, ya que representan un vínculo primordial que trasciende los límites del tiempo y la civilización. Como ha aprendido en este libro, los árboles tienen un significado especial en el simbolismo celta debido a la estrecha afinidad de los celtas con el mundo natural. Ya sea que considere que el calendario del árbol celta está vinculado con los árboles sagrados o la escritura Ogham, donde cada letra se ha asociado con un árbol en particular, verá la importancia de los árboles en todas partes en la cultura celta. De hecho, los celtas reconocieron muy

Buda practicando la meditación del árbol[1]

pronto la importancia de los árboles y los consideraron el eje central de su mitología. Para ellos, los árboles no eran simplemente una fuente de sustento, refugio y calor, sino la esencia pura de la naturaleza.

Dentro de la sociedad celta, se creía que los druidas tenían la capacidad única de descifrar los mensajes sutiles transmitidos por la madre naturaleza. A través de estos mensajes, buscaban comunicarse e interactuar con los dioses y diosas e incluso invocar su presencia utilizando los antiguos centinelas de los bosques: los árboles. Los celtas creían que los árboles actuaban como un vínculo entre los reinos en un sentido físico y divino. Creían que cada parte del árbol simbolizaba un reino diferente, cada una conectada con la otra. El tronco del árbol representa el mundo material, proporcionando a las personas alimento, seguridad y refugio. Las raíces se adentraron profundamente en la tierra y simbolizaron el reino de los sueños y la sabiduría latente de la Tierra. Finalmente, la copa y las ramas del árbol se elevan hacia el cielo, mecidas por el viento, que simboliza el plano divino de la conciencia.

La importancia de los árboles en la cultura celta se demuestra aún más por el hecho de que los druidas, que eran la clase más alta entre el pueblo celta, hicieron sus hogares entre estos majestuosos seres. Rara vez se aventuraban en los confines de las aldeas y, en cambio, preferían quedarse en las afueras, cerca de las arboledas sagradas, donde podían estar en completa armonía con los árboles. Las meditaciones en los árboles celtas se encuentran entre los rituales más famosos de la cultura celta y tienen una reverencia considerable. Incluso hoy en día, muchas personas optan por practicar estas meditaciones guiadas para conectarse con su conciencia superior y volverse armoniosos con la naturaleza. Este capítulo adicional le dará una lista completa de meditaciones guiadas únicas para cada árbol sagrado venerado en el mundo celta. Por lo tanto, prepárese para sumergirse en la profunda sabiduría de los árboles y experimentar el poder transformador de las meditaciones sobre los árboles.

Meditación en el abedul

Los abedules son capaces de prosperar en diversos entornos, incluso en suelo desnudo, y suelen crecer en racimos. Estos árboles etéreos son fáciles de detectar debido a su corteza blanca y parecida al papel. Este robusto árbol no solo es útil para fines prácticos, como la fabricación de muebles, sino que también es muy popular desde una perspectiva mágica. La corteza blanca exterior se puede utilizar en rituales para sustituir el papel o el pergamino, mientras que otras partes del árbol suelen utilizarse con fines medicinales. El abedul es considerado uno de los tres árboles sagrados para los druidas. En el simbolismo celta, este árbol a menudo se llama el árbol de la diosa, que representa la fertilidad, la luz, la esperanza, la regeneración y los nuevos comienzos. Al ser una especie pionera, los abedules tienen la capacidad única de recolonizarse en caso de un desastre ecológico, como un incendio forestal. Por esta razón, esta especie a menudo se compara con el Fénix y se vincula a la energía de renacimiento en gran medida. La meditación del abedul es una forma maravillosa de mejorar tu comprensión espiritual de las tradiciones celtas y, al mismo tiempo, obtener una visión más profunda. Si está comenzando un nuevo capítulo en su vida, practicar esta meditación es la manera perfecta de hacerlo.

- La meditación del árbol es más efectiva en presencia de dicho árbol en tiempo real. Sin embargo, si eso no es posible, también puede guardar una foto del árbol frente a su espacio de meditación.
- Elija una posición cómoda debajo del árbol, o en tu espacio de meditación, con las piernas cruzadas. Cierre los ojos y respire profundamente unas cuantas veces para conectarse con la tierra.
- Si está en el interior, una excelente manera de imitar el entorno natural es poner algunos sonidos de la naturaleza como el canto de los pájaros, el silbido del viento, la caída de las hojas de los árboles, etc.
- Invoque al espíritu del abedul para que se una a usted en la meditación. Visualice la presencia del espíritu del abedul de pie o sentado a su lado, emitiendo una luz blanca.
- Establezca su intención haciendo estas preguntas, ya sea en voz alta o en silencio:
    - ¿En qué parte de mi vida necesito una infusión de nueva energía?
    - ¿Dónde necesito regenerarme?
    - ¿En qué parte de mi vida se avecina un nuevo capítulo?
- Una vez que haya terminado de hacer estas preguntas, abra su mente y su corazón a cualquier guía espiritual que puedas recibir. Sea receptivo y curioso acerca de cualquier intuición, impresión o pensamiento.

- Tómese su tiempo en este estado receptivo y visualice el espíritu de Abedul tratando de comunicarse con usted. Respire profunda y regularmente, y es posible que sienta una sensación de claridad, inspiración o cambios sutiles de energía.
- Una vez que sienta que ha recibido su guía, exprese gratitud al espíritu de Abedul por unirse a usted en la meditación y guiarle hacia adelante.

Finalmente, abra los ojos y tómese un momento para anotar cualquier impresión, mensaje o idea que hayas recibido durante la sesión de meditación.

- Durante los próximos días, reflexione sobre los mensajes que ha recibido teniendo en cuenta los patrones con los que se asocia el abedul.
- Además, mantenga los ojos abiertos para detectar cualquier abedul que aparezca inesperadamente en su entorno.

Meditación del serbal

El serbal es poderoso, con un hermoso follaje y bayas rojizas. Este árbol se ha asociado con la protección y la magia desde la antigüedad, cuando los druidas solían practicar la magia de los árboles. La corteza del árbol tiene importantes beneficios medicinales y usos mágicos. Los amuletos protectores se tallaban con frecuencia en los palos de serbal y se colocaban sobre las ventanas y puertas para mantener alejados a los espíritus malignos. Los bastones rúnicos, palos de madera con símbolos tallados en ellos, generalmente se creaban con madera de serbal. Incluso las bayas que habitan en este árbol tienen magia protectora. Cuando las bayas se cortan por la mitad, se ve un pequeño pentagrama que está relacionado con símbolos protectores en el interior. El serbal es un árbol para todas las estaciones y es especialmente sagrado para la mayoría de las religiones de la Tierra. Las antiguas leyendas celtas dicen que los druidas tenían visiones mientras se quedaban en los bosques de serbales. La meditación de serbal le ayudará a despejar tu mente, sintonizar con la naturaleza y ver el mundo de manera diferente. Rowan trata sobre la creatividad, el establecimiento de intenciones, el amor incondicional y el viaje astral.

- Ponga música relajante que le lleve a un estado de ensueño, similar al trance. Colóquese en una posición cómoda y cierre los ojos.
- Conéctese, céntrese y respire en su corazón. Inhale, sacando energía de la tierra, y exhale en todas direcciones.
- Saque energía de su chakra de la corona y exhale en todas las direcciones. Tómese unos momentos para experimentar esta respiración.
- En su mente, viaje a un lugar en la naturaleza donde se sientas en paz. Visualice que es invierno y que está abrigado.
- Desde el cielo, llega su caballo espiritual, todo blanco y poderoso. Tómese un momento para mirar a su caballo espiritual, al majestuoso poder de su cuerpo.
- Imagínese montando su caballo espiritual y saliendo hacia el cielo. Mire el mundo desde el cielo y fíjese en la perspectiva.
- Tómese un momento para sentir la libertad de volar. Mientras vuela por encima de la tierra, su caballo espiritual volará a las dimensiones de la sacerdotisa de Rowan.
- Mirando hacia abajo, se ve un paisaje lleno de hermosos serbales, con sus racimos de bayas rojas y naranjas. Aterrice a salvo entre los árboles.
- Desmonte de su caballo y dirija su atención a la hermosa arboleda de serbales. Respire el maravilloso sentido del bosque y sentirá que hay inspiración en todas partes en este reino lleno de posibilidades.
- Imagine a una hermosa sacerdotisa acercándose a usted desde una distancia lejana; se acerca a usted y le coloca una corona hecha de hojas de serbal en la cabeza.
- Busque su guía protectora y ella se convertirá en su aliada. Tómese el tiempo para recibir sus ofrendas.
- Muéstrele lugares en su cuerpo, mente y alma que le están angustiando. Ella con gusto aligerará su carga y le dará inspiración. Ella le sanará.
- Acuerde ampliar su sistema de creencias para incluir más y más del misterio y la magia de la creación; Conéctelos a las dimensiones superiores del amor.

- Agradezca a la sacerdotisa por su presencia en el mundo. Cuando esté listo, vuele de regreso a su mundo en su caballo espiritual.
- Tómese un momento para dar las gracias a su caballo espiritual. ¡Quédese aquí en silencio por un momento y reflexione sobre la belleza de su experiencia!
- A su regreso, escriba sus experiencias en un diario para que no olvide los detalles de lo que sintió durante su viaje.

Meditación del aliso

El aliso se asocia con el equinoccio de primavera y simboliza el espíritu en evolución. Al igual que los abedules, los alisos pueden soportar condiciones adversas como lugares pantanosos, ya que su madera no se pudre cuando está mojada. Realmente se endurece cuando se deja reposar en el agua, lo que los británicos encontraron útil mientras construían fortalezas en la Irlanda primitiva. Se dice que la ciudad de Venecia está construida sobre madera de aliso. Según la mitología celta, los alisos están asociados con el otro mundo, que es donde residen los espíritus y las deidades. Según otra leyenda, el árbol de aliso puede ser utilizado por médiums que quieran conectarse con los humanos que ya no están en su forma física. Como resultado, los druidas solían sentarse a meditar en silencio bajo los alisos e incluso absorbían la esencia de la flor para este propósito.

- Cierre los ojos y respire profundamente unas cuantas veces para relajarse y concentrarse. Siéntese bajo un aliso o en un espacio solitario de meditación.
- Imagine que las raíces crecen de sus pies y la base de su columna vertebral y plántelas en la tierra. Envíelos a través de todas las capas de la tierra, ramificándose en todas direcciones.
- Envíelos al centro de la tierra, donde se encuentra una gran bola blanca de energía. Ahora imagine esta luz viajando a través de las raíces, de manera similar a como las raíces extraen la humedad y el sustento de la tierra.
- La energía fluye por cada raíz a través de todas las capas de la tierra hasta las plantas de los pies y el coxis. Con cada inhalación, atrae esta energía hacia su corazón.

- Y al exhalar, mueva esta energía desde su corazón hacia sus brazos y sus manos; Sienta cómo se calienta el centro de las palmas de las manos.
- Con su inhalación, lleve la energía de vuelta a sus brazos hacia su corazón y exhale la energía más arriba a través de su cuerpo y fuera de la coronilla de su cabeza a través de su chakra de la corona.
- Observe la energía que fluye a través de las ramas que salen de su cabeza y hombros. Envíe esta energía hacia arriba a través del cielo hasta que llegue al sol o a la luna.
- Sienta la energía corriendo a través de su cuerpo y experimente cómo le da energía.
- Ahora imagínese a usted mismo parado en un prado de exuberante hierba verde, el sol brilla intensamente en el cielo y siente su calidez y sonrisa.
- Está en paz en la pradera; Se ve un hermoso arroyo bordeado de altos alisos en la distancia. Sienta que la hierba alta se agita alrededor de sus piernas.
- Se mueves hacia la hilera de árboles y se para bajo su sombra. Al mirar el arroyo, se percibe un equilibrio entre la energía femenina del agua y la energía masculina de los árboles.
- Se sientes tranquilo, centrado y completamente protegido; Se gira para mirar hacia un árbol, estire una mano y colóquela en el tronco. Sienta la corteza bajo tus dedos.
- Salude al árbol de la manera que mejor te parezca. Agradezca al árbol por la hermosa energía que siente aquí hoy.
- Ahora siéntese debajo del árbol; Incluso puede apoyarse en él de espaldas, pero siéntese en un lugar cómodo y cerrar los ojos.
- Ralentice su respiración y sienta que se relaja; Empuje su conciencia fuera de sí mismo y sienta la presencia del árbol cerca de usted.
- Sienta cómo sus dos energías se convierten en una, una sensación de que no hay límite a medida que se fusionan. ¿Qué siente, ve, oye o tal vez huele?

- Una vez que sienta que ha hecho una fuerte conexión con el aliso, haga una pregunta con la que necesite ayuda o pídale su energía protectora para cualquier problema que esté enfrentando actualmente.
- Muestre su gratitud al aliso y, una vez que haya recibido una respuesta, levántese y regrese a su plano de existencia.
- Abra lentamente los ojos y conéctese. Anote cualquier información que haya obtenido de la sesión.

Meditación del sauce

El sauce generalmente surge cerca del agua y, cuando se nutre adecuadamente, crece bastante rápido. Este árbol es representativo del crecimiento espiritual y el conocimiento y ofrece protección y curación. En la medicina popular, el sauce se ha utilizado para tratar diversas dolencias como tos, fiebre y otras afecciones inflamatorias. Aunque mucha gente confunde el sauce con el sauce llorón, ambos árboles son diferentes, aunque se parecen entre sí. La meditación del sauce se utiliza para promover una curación profunda y ayudarte a liberar su desorden emocional.

- Busque un lugar cómodo donde no le molesten por un tiempo. Siéntese en una posición cómoda y respire profundamente. Cierre los ojos.
- Inhale y exhale lentamente. Conéctese con su entorno sintiendo el suelo debajo de usted o los aromas que le rodean.
- Ahora visualice un majestuoso sauce en el calor del verano. Los árboles están llenos de hojas verdes y doradas, de pie en un campo impresionante.
- Respire el aire del campo y sienta el calor del sol en su piel. Mire las hermosas hojas caídas del árbol.
- El viento las sopla, por lo que se balancean con gracia. Observe a los pájaros volando y acariciando las hojas de las ramas del sauce.
- Ahora, piense en cualquier problema que tenga en su vida. Imagine que coge el problema y lo cuelga en uno de los árboles. Deje que el problema tome la forma física que quiera o que no tome ninguna forma.

- Piense en cualquier otro problema y repita el mismo proceso. Imagínese colgar todos sus problemas en las ramas de diferentes sauces.
- Aléjese unos seis metros de los sauces. Observe cómo el viento sopla las hojas y los problemas mientras cuelgan de las ramas.
- Permita que algunos de los problemas sean levantados por el viento y arrastrados; Despídase de ellos mientras se alejan flotando. Tome nota de los problemas que se llevaron.
- Ahora, acérquese al árbol e imagine que puedes caminar hacia el tronco del árbol. Sienta el peso sin esfuerzo de las ramas y el viento que sopla a través de sus hojas.
- Sienta que usted, como árbol, es fuerte y que puede dejar ir todos los problemas. Incluso si algunos de los problemas todavía están colgando de las ramas.
- Sienta la tranquila tranquilidad del sauce, dejando ir tus preocupaciones con cada brisa. Cuando esté listo, puede abrir los ojos y volver a su espacio.

Las meditaciones en los árboles siempre han ocupado un lugar importante en la espiritualidad celta. Brindan una oportunidad única para conectarse con la sabiduría y la energía de los árboles, ofreciendo una sensación de calma y conexión a tierra que no tiene comparación con ninguna otra forma de meditación. Al adoptar las meditaciones en los árboles, puede aprovechar las enseñanzas eternas de la naturaleza, fomentando la tranquilidad y profundizando su comprensión de su lugar en el mundo.

Conclusión

Un solo libro no es suficiente para contener el vasto conocimiento de la mitología, la espiritualidad y el simbolismo celta. Solo el simbolismo de la cultura celta podría ser discutido durante miles de páginas. En cualquier caso, la mitología, el simbolismo y la espiritualidad están interconectados, y para entender uno, es crucial entender al otro, y así sucesivamente. Desde la fascinante historia de los celtas hasta la enigmática sabiduría de los druidas, la tradición y el simbolismo celta han capturado corazones y mentes de todo el mundo. Los eruditos han estado estudiando los símbolos celtas en esta cultura durante décadas y todavía lo están haciendo debido a los vastos significados e interpretaciones de los símbolos únicos y profundamente poderosos.

Lo que diferencia al simbolismo celta de cualquier otro idioma es que no es simplemente ornamental o se usa con fines comunicativos. Tiene un significado y una sabiduría más profundos que esperan ser descubiertos. Ya sea el intrincado trabajo de nudos, los majestuosos animales o las enigmáticas espirales, cada símbolo tiene capas y capas de significados e interpretaciones que piden introspección. Tomemos como ejemplo la cruz celta, parece un símbolo simple a primera vista, pero una vez que descubres su contexto, el símbolo transforma la forma en que ves este mundo. Representa la interconexión del mundo espiritual y material y cómo se debe lograr el equilibrio y la armonía dentro de ambos. O considere el triskele, con sus tres espirales, que simbolizan los ciclos eternos de la vida, la muerte y el renacimiento. Cada símbolo actúa como un espejo, reflejando las experiencias de vida de uno y animando a buscar inspiración y una visión del mundo única.

Simplemente no es suficiente observar estos símbolos desde la distancia. El poder del simbolismo celta radica en su capacidad para guiarle e inspirarle en partes de su vida; El simple hecho de considerar estos símbolos y sus asociaciones como algo de la historia o del mito no le ayuda de ninguna manera. Solo cuando obtenga una visión real de ella que pueda aplicar a su vida, cumplirá verdaderamente el propósito de estos símbolos. Debe tratar de infundir tus acciones, pensamientos e intenciones con la esencia de estas antiguas enseñanzas y abrazar el significado más profundo detrás de cada símbolo. Además de aplicar las enseñanzas e interpretaciones de varios símbolos en su vida, también puede intentar integrar la cultura celta a través de aplicaciones prácticas como participar en rituales, practicar la meditación espiritual y sumergirse en el arte y la literatura celta. Todas estas vías le empujan hacia una conexión más fuerte con los celtas y su rica cultura.

Al concluir este viaje, debe reflexionar sobre lo que ha aprendido. Y continúe su búsqueda de conocimiento y comprensión. Hay tantos aspectos y perspectivas sobre el simbolismo celta y recursos ilimitados a su alcance, así que ¿por qué no aprovechar esta oportunidad y aprender más sobre la antigua sabiduría de los celtas? Que la sabiduría de la mitología, la espiritualidad y el simbolismo celtas continúen inspirándole y empoderándole en el viaje de su vida a medida que aplica estas antiguas enseñanzas a su propia existencia; Que encuentre transformación, conexión y una comprensión más profunda de usted mismo y del mundo que le rodea.

Vea más libros escritos por Mari Silva

Su regalo gratuito

¡Gracias por descargar este libro! Si desea aprender más acerca de varios temas de espiritualidad, entonces únase a la comunidad de Mari Silva y obtenga el MP3 de meditación guiada para despertar su tercer ojo. Este MP3 de meditación guiada está diseñado para abrir y fortalecer el tercer ojo para que pueda experimentar un estado superior de conciencia.

https://livetolearn.lpages.co/mari-silva-third-eye-meditation-mp3-spanish/

¡O escanee el código QR!

Referencias

(N.d.-e). Ireland-calling.com. https://ireland-calling.com/celtic-mythology-elder-tree/

"The Kelpies": ancient myth in modern art. (n.d.). Artuk.org. https://artuk.org/learn/learning-resources/the-kelpies-ancient-myth-in-modern-art

A Celtic meditation that connects you with the earth--and the ancestors. - Beliefnet. (n.d.). Beliefnet.com. https://www.beliefnet.com/faiths/pagan-and-earth-based/2001/11/the-yew-tree-path-a-meditation.aspx

A Druid Ogham. (n.d.). A Druid Ogham. https://druidogham.wordpress.com/

Ancient Celtic Religion. (n.d.). Tutorialspoint.Com. https://www.tutorialspoint.com/ancient-celtic-religion

Asher, H. (2023, April 8). The moon as a calendar. An Darach Forest Therapy. https://silvotherapy.co.uk/articles/the-moon-as-a-calendar

Beltane. (2015, August 12). By Land, Sea, and Sky. https://thenewpagan.wordpress.com/beltane/

Bhagat, D. (n.d.). The origins and practices of: Samhain, día de los Muertos, and all saints day. Bpl.org. https://www.bpl.org/blogs/post/the-origins-and-practices-of-holidays-samhain-dia-de-los-muertos-and-all-saints-day/

Bot detection! (n.d.). Youglish.com. https://youglish.com/pronounce/yule/english/uk

Brethauer, A. (2021, April 8). Ogham Alphabet Meanings, History, and Divination For Beginners. The Peculiar Brunette. https://www.thepeculiarbrunette.com/ogham-rune-symbol-meanings-history-and-divination-for-beginners/

Brown, C. (2022, November 3). Celtic animism: How mythology can make you a more attentive traveler. Good Nature Travel Blog | Stories Are Made on Adventures; Natural Habitat Adventures. https://www.nathab.com/blog/celtic-animism-scotland/

Carr-Gomm, S. (2019, December 15). Tree meditation. Order of Bards, Ovates & Druids; OBOD. https://druidry.org/druid-way/teaching-and-practice/meditation/tree-meditation

Carr-Gomm, S. (2019, November 27). Tree lore. Order of Bards, Ovates & Druids; OBOD. https://druidry.org/druid-way/teaching-and-practice/druid-tree-lore

Carstairs, E. (2019, July 11). Ogham divination. Divination Lessons. https://divination-lessons.com/2019/07/11/ogham-divination/

Cartwright, M. (2021). Ancient Celtic religion. World History Encyclopedia. https://www.worldhistory.org/Ancient_Celtic_Religion/

Cartwright, M. (2021). Ancient Celts. World History Encyclopedia. https://www.worldhistory.org/celt/

Celtic deities. (2013, October 14). West Coast Pagan. https://westcoastpagan.com/celtic-reconstructionism/celtic-deities/

Celtic Gods. (n.d.). Mythopedia. https://mythopedia.com/topics/celtic-gods

Celtic mythology — Trees of The CloudForests —. (n.d.). Cloudforests. https://www.cloudforests.ie/trees-of-the-cloudforests/tag/celtic+mythology

Celtic Paganism History, Deities & Facts. (n.d.). Study.Com. https://study.com/academy/lesson/celtic-paganism-history-deities-facts-ancient-religion.html

Celtic Religion – what information do we really have. (n.d.). Murraystate.Edu. http://campus.murraystate.edu/academic/faculty/tsaintpaul/celtreli.html

Celtic tree calendar - my calendar land. (n.d.). Pravljice.org. https://www.pravljice.org/mycalendarland.com/calendar/yearly-calendars/celtic-tree-calendar

Celtic tree month of elder – November 25 – December 22. (n.d.). The Ethical Butcher. https://ethicalbutcher.co.uk/blogs/journal/celtic-tree-month-of-elder-november-25-december-22

Celts. (2017, November 30). HISTORY. https://www.history.com/topics/european-history/celts

Choyt, M. (n.d.). Celtic culture - April: The Alder tree. Celticjewelry.com. https://www.celticjewelry.com/celtic-culture/alder-april

Choyt, M. (n.d.). Celtic culture - Cernunnos, the antlered god of power and blessing. Celticjewelry.com. https://www.celticjewelry.com/celtic-culture/cernunnos

Cross, J. (2019, November 18). Birch Tree meaning and magick. Sanctuary Everlasting. https://www.sanctuaryeverlasting.com/birch-tree-meaning-and-magick/

Dear, R. (1999). Celtic tree calendar: Your tree sign and you. Souvenir Press.

Derrig, J. (2022, July 27). A guide to Celtic Ogham symbols and their meanings. Theirishjewelrycompany.com. https://www.theirishjewelrycompany.com/blog/post/a-guide-to-celtic-ogham-symbols-and-their-meanings

EBK: Bran Fendigaid alias Bendigeitvran, God of Regeneration. (n.d.). Earlybritishkingdoms.com. https://www.earlybritishkingdoms.com/bios/bran.html

Ede-Weaving, M. (2021, May 24). Nature and the Celtic tree calendar. Order of Bards, Ovates & Druids. https://druidry.org/resources/nature-and-the-celtic-tree-calendar

Eilenstein, H. (2018). Cernunnos: Vom Schamanen zum Druiden Merlin. Books on Demand.

Evans, Z. t. (n.d.). Top 5 trees in Celtic mythology, legend and folklore. Folklorethursday.com. https://folklorethursday.com/legends/top-5-trees-in-celtic-mythology-legend-and-folklore/

Every Hawthorn tree has a story. (n.d.). The Present Tree. https://thepresenttree.com/blogs/tree-meanings/every-hawthorn-tree-has-a-story

Fee. (2021, January 18). Older than time: The myth of the Cailleach, the great mother. Wee White Hoose; Fee. https://weewhitehoose.co.uk/study/the-cailleach/

file-uploads/sites/2147611428/video/20407-4274-e6c6-3b2c-f6acf52be077_How_To_Make_An_Ogham_Set_-_Beginners_-_Lora_O_Brien_at_the_Irish_Pagan_School.mp4. (2023, February 2).

Gardiner, B. (2021, November 19). The best guide to understanding the wheel of the year. The Outdoor Apothecary. https://www.outdoorapothecary.com/the-wheel-of-the-year/

Gardiner, B. (2022, May 10). Litha: The incredible history, lore & 20 ways to celebrate. The Outdoor Apothecary. https://www.outdoorapothecary.com/litha/

Hidalgo, S. (2019, June 17). Tree ceremonies and guided meditations for working with the summer season. Llewellyn Worldwide. https://www.llewellyn.com/journal/article/2761

Hislop, I. (2021, April 28). The Celtic Tree of Life meaning & history. ShanOre Irish Jewelry; ShanOre Irish Jewelry. https://www.shanore.com/blog/the-celtic-tree-of-life-meaning-history/

Holly: Legends, customs, and myths. (n.d.). Psu.edu. https://extension.psu.edu/holly-legends-customs-and-myths

How to pronounce ostara? (n.d.). Pronouncenames.com. https://www.pronouncenames.com/Ostara

Irish Around The World. (2019, April 11). The Green Man – an ancient Celtic symbol of rebirth. Irish Around The World. https://irisharoundtheworld.com/the-green-man/

Irish Around The World. (2022, January 19). Top 20 Irish Celtic symbols and their meanings explained. Irish Around The World. https://irisharoundtheworld.com/celtic-symbols/

Irving, J. (2012). Ogham. World History Encyclopedia. https://www.worldhistory.org/Ogham/

Isabella. (n.d.). how to read ogham staves –. WytchenCrafts.

Jay, S. (2022, November 4). 14 Yule traditions & rituals to celebrate winter solstice. Revoloon. https://revoloon.com/shanijay/yule-traditions-rituals-to-celebrate-winter-solstice

Kay, K. (2014, March 17). What's your Celtic tree sign? Find out! Yahoo Life. https://www.yahoo.com/lifestyle/tagged/health/healthy-living/whats-celtic-tree-sign-152200321.html

Kelly, A. (2011, January 7). A month-by-month guide to the Celtic tree calendar – SEE PHOTOS. Irishcentral.com. https://www.irishcentral.com/roots/a-month-by-month-guide-to-the-celtic-tree-calendar-see-photos-113064709-237735251

Khaliela. (2022, February 2). Rowan meditation. Khaliela Wright. https://khalielawright.com/rowan-meditation/

King, J. (2019). Celtic warfare. World History Encyclopedia. https://www.worldhistory.org/Celtic_Warfare/

Lang, D. (2018, August 18). Ogham as a Practice. Esoteric Moment. https://esotericmoment.com/2018/08/18/ogham-as-a-practice/

LetsGoIreland. (2022, January 5). Celtic Symbols: Your complete guide to the Origins and meanings. Let's Go Ireland. https://www.letsgoireland.com/celtic-symbols-and-meanings/

LetsGoIreland. (2022, March 15). Celtic Tree of Life: Complete Guide to the Origin and Meaning. Let's Go Ireland. https://www.letsgoireland.com/celtic-tree-of-life/

LetsGoIreland. (2023, May 18). Celtic Tree of Life tattoo meaning and significance. Let's Go Ireland. https://www.letsgoireland.com/celtic-tree-of-life-tattoo-meaning/

LibGuides: Brigid: About. (2021). https://westportlibrary.libguides.com/brigid

LibGuides: Brigid: About. (2021). https://westportlibrary.libguides.com/brigid

Loh-Hagan, V. (2020). Celtic tree astrology. 45th Parallel Press.

Lor, H. O. (2021, September 24). The Tree of Life Symbol meaning. House Of Lor | Irish Jewellery | Pure Gold from Ireland; House of Lor Jewellery. https://houseoflor.com/the-tree-of-life-symbol/

Mark, J. J. (2019). Wheel of the Year. World History Encyclopedia. https://www.worldhistory.org/Wheel_of_the_Year/

Meditation with Trees. (n.d.). Viajealasostenibilidad.org. https://viajealasostenibilidad.org/meditation-with-trees/

Miller, F. P., Vandome, A. F., & McBrewster, J. (Eds.). (2010). Imbolc. Alphascript Publishing.

Month 3: Alder Tree Meditation. (n.d.). SoundCloud. https://soundcloud.com/nicola-mcintosh-52427282/alder-meditation

Mulhern, K. (n.d.). What is the Wheel of the Year? Patheos.com. https://www.patheos.com/answers/what-is-the-wheel-of-the-year

Neal, C. F. (2015). Imbolc: Rituals, recipes and lore for Brigid's day. Llewellyn Publications.

No title. (n.d.). Com.Eg. https://www.twinkl.com.eg/teaching-wiki/celtic-knot-meanings

No title. (n.d.). Study.com. https://study.com/learn/lesson/animism-beliefs-practices-thinking.html

No title. (n.d.). Twinkl.com. https://www.twinkl.com/teaching-wiki/the-celts

No title. (n.d.-a). Study.com. https://study.com/learn/lesson/yggrasil-tree-of-life.html

No title. (n.d.-b). Com.Eg. https://www.twinkl.com.eg/teaching-wiki/celtic-knot-meanings

O'Hara, K. (2023, January 2). The Morrigan: The story of the fiercest goddess in Irish myth. The Irish Road Trip. https://www.theirishroadtrip.com/the-morrigan/

O'Hara, K. (2023, June 1). Celtic Tree of Life (Crann Bethadh) meaning. The Irish Road Trip. https://www.theirishroadtrip.com/celtic-tree-of-life-symbol/

O'Hara, K. (2023a, May 29). 15 Celtic symbols and meanings (an Irishman's 2023 guide). The Irish Road Trip. https://www.theirishroadtrip.com/celtic-symbols-and-meanings/

O'Hara, K. (2023b, June 3). Trinity knot / Triquetra symbol: Meaning + history. The Irish Road Trip. https://www.theirishroadtrip.com/the-triquetra-celtic-trinity-knot/

Ogham alphabet. (n.d.). Omniglot.com. https://omniglot.com/writing/ogham.htm

Ogham Discipline: Understanding Your Connection. (n.d.). Ogham.Academy. https://www.ogham.academy/blog/ogham-discipline

Ogham Divination in The Summerlands. (n.d.). Summerlands.Com. http://www.summerlands.com/crossroads/library/oghamdiv.htm

Ogham Meditation Ritual. (2014, September 30). Ogham Divination. https://oghamdivination.wordpress.com/what-is-ogham/ogham-meditation-ritual/

Ogham: Ireland's original alphabet. (n.d.). Shamrock Gift. https://www.shamrockgift.com/blog/ogham/

Olsen, E. (2022, June 21). 13 Celtic Tree Months –. Celebrate Pagan Holidays. https://www.celebratepaganholidays.com/general/13-celtic-tree-months

Ostara (Spring Equinox) – the wiccan calendar –. (2017, June 13). Wicca Living. https://wiccaliving.com/wiccan-calendar-ostara-spring-equinox/

Ostara / spring equinox. (2015, August 16). By Land, Sea and Sky. https://thenewpagan.wordpress.com/ostara-spring-equinox/

Pagan, W. C. (2019a, June 14). Litha / Midsummer. West Coast Pagan. https://westcoastpagan.com/2019/06/13/litha-midsummer/

Pagan, W. C. (2019b, August 14). Lughnasadh / lammas. West Coast Pagan. https://westcoastpagan.com/2019/08/13/lughnasadh-lammas/

Pagan, W. C. (2019c, September 14). Mabon / autumn equinox. West Coast Pagan. https://westcoastpagan.com/2019/09/13/mabon-autumn-equinox/

Park, G. K. (2020). animism. In Encyclopedia Britannica.

Rajchel, D. (2015). Samhain: Rituals, Recipes & Lore for Halloween. Llewellyn Publications. https://thenewpagan.wordpress.com/wheel-of-the-year/samhain/

Rhys, D. (2021, August 13). Celtic sailor's knot – what does it symbolize? Symbol Sage. https://symbolsage.com/celtic-sailors-knot/

Rhys, D. (2021, July 29). Ogham symbols and their meaning – A list. Symbol Sage. https://symbolsage.com/ogham-symbols-and-their-meaning/

Rogador, C. (2020, June 28). The Celtic Triskele: History and meaning. Ireland Travel Guides. https://irelandtravelguides.com/celtic-triskele-history-meaning/

Rogador, C. (2021, June 9). The Celtic knots (different types and meanings). Ireland Travel Guides. https://irelandtravelguides.com/celtic-knot-history/

Sempers, C. (2002a). The Celtic tree calendar. Corvus Books.

Sempers, C. (2002b). The Celtic tree calendar. Corvus Books.

Silva, T. (2022, October 12). Alder tree symbolism and meanings. Grooving Trees. https://www.groovingtrees.com/alder-tree-symbolism

Sinclair, A. (2021, December 10). Celtic Tree Astrology: Zodiac signs & birthday horoscopes. Oak Hill Gardens. https://www.oakhillgardens.com/blog/celtic-tree-astrology-zodiac-signs-birthday-horoscopes

Soul, M. M. (2019). Imbolc: Witch's Journal & Workbook. Independently Published.

Stanton, K. M. (2022, December 1). Tree of Life meaning, symbolism, and mythology. UniGuide®; Kristen M. Stanton. https://www.uniguide.com/tree-of-life

Storey, L. (2018, October 19). Know a thing or two... Trees and druid traditions. The Simple Things. https://www.thesimplethings.com/blog/know-a-thing-or-two-trees-druid-traditions

Tailtiu: Harvest goddess. (n.d.). Goddess-pages.co.uk. https://goddess-pages.co.uk/galive/issue-18-home/tailtiu-harvest-goddess/

The Cauldron in Celtic life. (n.d.). Irelandseye.com. http://www.irelandseye.com/aarticles/culture/talk/superstitions/cauldron.shtm

The Celtic wheel of the year –. (n.d.). The Path of Integrity. https://thepathofintegrity.com/celtic-wheel

The Editors of Encyclopedia Britannica. (2018). Belenus. In Encyclopedia Britannica.

The Ogham alphabet. (n.d.). Ogham.Ie. https://ogham.ie/history/ogham-alphabet/

The Sacred Fire – Ancient Celtic Cosmology. (n.d.). Sacredfire.Net. https://www.sacredfire.net/cosmology.html

The Sacredness of Nature. (2012, March 22). The Druid Network.

The Song of Amergin: Modern English translation. (n.d.). Thehypertexts.com. http://www.thehypertexts.com/Song%20of%20Amergin%20Modern%20English%20Translation.htm

The tree meditation. (2013, May 2). The Druid Network.

The Tree of Life – an ancient Celtic symbol. (2021, September 26). Irish Urns. https://irishurns.com/the-tree-of-life-an-ancient-celtic-symbol/

Top 30+ Celtic symbols and their meanings (updated monthly). (n.d.). 1000logos.net. https://1000logos.net/top-30-celtic-symbols-and-their-meaning/

Traditions, I. (2016, July 24). Irish Traditions: The Celtic Tree of Life. Irish Traditions – A Tipperary Store; Irish Traditions. https://irishtraditionsonline.com/celtic-tree-of-life/

Tree of Life symbol: This image appears in many Irish expressions! (n.d.). Irish Expressions. https://www.irish-expressions.com/tree-of-life-symbol.html

We'Moon. (n.d.). Beltane rituals and traditions. We'Moon. https://wemoon.ws/blogs/pagan-holiday-traditions/beltane

What's your tree sign according to Celtic tree astrology. (2015, September 23). Fantastic Gardeners Blog. https://blog.fantasticgardeners.co.uk/whats-your-tree-sign-according-to-celtic-tree-astrology/

Wheel of the Year. (2013, June 22). The Celtic Journey. https://thecelticjourney.wordpress.com/the-celts/wheel-of-the-year/

Who were the Celts? (n.d.). Twinkl. https://www.twinkl.com/teaching-wiki/the-celts

Who were the Druids? (2017, March 21). Historic UK. https://www.historic-uk.com/HistoryUK/HistoryofWales/Druids/

Wigington, P. (2008, June 2). The Celtic Ogham Symbols. Learn Religions. https://www.learnreligions.com/ogham-symbol-gallery-4123029

Wigington, P. (2008, June 2). The Celtic Ogham Symbols. Learn Religions. https://www.learnreligions.com/ogham-symbol-gallery-4123029

Wigington, P. (2011, September 18). Get to know the magic of the Celtic tree calendar. Learn Religions. https://www.learnreligions.com/celtic-tree-months-2562403

Wigington, P. (2014a, March 19). Beltane Rites and Rituals. Learn Religions. https://www.learnreligions.com/beltane-rites-and-rituals-2561678

Wigington, P. (2014b, June 21). Rites, rituals, and ways to celebrate Mabon, the autumn equinox. Learn Religions. https://www.learnreligions.com/mabon-rites-and-rituals-2562284

Will the real Lúnasa / Lughnasa / lughnasadh please stand up? (2010, August 1). Irish Language Blog | Language and Culture of the Irish-Speaking World; Irish Language Blog. https://blogs.transparent.com/irish/will-the-real-lunasa-lughnasa-lughnasadh-please-stand-up/

Williams, S. (2014, May 10). Celtic zodiac: Vine tree. Sun Signs. https://www.sunsigns.org/celtic-astrology-vine-tree/

Yule / Midwinter. (2015, August 27). By Land, Sea and Sky. https://thenewpagan.wordpress.com/wheel-of-the-year/yule-midwinter

Fuentes de imágenes

[1] OxYm3rioN, CC BY-SA 4.0 <https://creativecommons.org/licenses/by-sa/4.0>, vía Wikimedia Commons: https://commons.wikimedia.org/wiki/File:Celts_in_Europe-fr.png

[2] https://unsplash.com/photos/axYekjy6Kn4

[3] https://commons.wikimedia.org/wiki/File:Awen_symbol_final.svg

[4] Imbolc.cerddwr, CC BY-SA 3.0 <https://creativecommons.org/licenses/by-sa/3.0>, vía Wikimedia Commons: https://commons.wikimedia.org/wiki/File:Wheel_of_the_year.png

[5] Culnacreann, CC BY 3.0 <https://creativecommons.org/licenses/by/3.0>, vía Wikimedia Commons: https://commons.wikimedia.org/wiki/File:Saint_Brigid%27s_cross.jpg

[6] Jpbowen en la Wikipedia en inglés, CC BY-SA 3.0 <http://creativecommons.org/licenses/by-sa/3.0/>, vía Wikimedia Commons: https://commons.wikimedia.org/wiki/File:Bowen_knot.jpg

[7] https://commons.wikimedia.org/wiki/File:Triskele-Symbol-spiral-five-thirds-turns.svg

[8] Otourly, CC BY-SA 3.0 <https://creativecommons.org/licenses/by-sa/3.0>, vía Wikimedia Commons: https://commons.wikimedia.org/wiki/File:Horned-God-Symbol.svg

[9] https://commons.wikimedia.org/wiki/File:Trefoil-triquetra-circular-arcs-around-triangle_(sólido).svg

[10] Madboy74, CC BY-SA 4.0 <https://creativecommons.org/licenses/by-sa/4.0>, vía Wikimedia Commons: https://commons.wikimedia.org/wiki/File:Coa_Illustration_Cross_Carolingian.svg

[11] Shii (Oficial de Comunicaciones, Druidas Reformados de Carleton College), CC0, vía Wikimedia Commons: https://commons.wikimedia.org/wiki/File:Reformed_Druids.svg

[12] AnonMoos (la conversión inicial SVG de la fuente PostScript por parte de AnonMoos fue realizada por Indolences), dominio público, a través de Wikimedia Commons: https://commons.wikimedia.org/wiki/File:Triquetra-circle-interlaced.svg

[13] https://cdn4.vectorstock.com/i/1000x1000/76/93/quaternary-celtic-knot-symbol-choosing-the-right-vector-40797693.jpg

[14] https://unsplash.com/photos/vUNQaTiZeOo?utm_source=unsplash&utm_medium=referral&utm_content=creditShareLink

[15] https://unsplash.com/photos/oSaq0J4zGE0?utm_source=unsplash&utm_medium=referral&utm_content=creditShareLink

[16] https://unsplash.com/photos/white-and-brown-cattle--imXaftIwlc

[17] https://www.pexels.com/photo/smoke-coming-from-iron-cauldron-16010709/

[18] https://commons.wikimedia.org/wiki/File:Celtic_cross.svg

[19] Miguel Méndez de Malahide, Irlanda, CC BY 2.0 <https://creativecommons.org/licenses/by/2.0>, vía Wikimedia Commons: https://commons.wikimedia.org/wiki/File:Claddagh_ring_(7061237901).jpg

[20] https://unsplash.com/photos/FGkNt8tO04I?utm_source=unsplash&utm_medium=referral&utm_content=creditShareLink

[21] Rosser1954, CC BY-SA 4.0 <https://creativecommons.org/licenses/by-sa/4.0>, vía Wikimedia Commons: https://commons.wikimedia.org/wiki/File:Green_Man_water_feature.jpg

[22] https://unsplash.com/photos/NumcxeDrWUQ?utm_source=unsplash&utm_medium=referral&utm_content=creditShareLink

[23] imagen rasterizada original y código fuente PostScript vectorial de AnonMoos, vectorización inicial de Erin Silversmith, dominio público, a través de Wikimedia Commons: https://commons.wikimedia.org/wiki/File:Triquetra-Double.svg

[24] Madboy74, CC BY-SA 4.0 <https://creativecommons.org/licenses/by-sa/4.0>, vía Wikimedia Commons: https://commons.wikimedia.org/wiki/File:Coa_Illustration_Taranis_Wheel.svg

[25] Símbolos ilustrados por Jasmina El Bouamraoui y Karabo Poppy Moletsane, CC0, vía Wikimedia Commons: https://commons.wikimedia.org/wiki/File:Wikipedia20_background_Lunar_cycle.jpg

[26] https://commons.wikimedia.org/wiki/File:Ogham_Key_Anderson_1881b_Fig_133_scotlandinearlyc00anderich_0254.jpg

[27] https://commons.wikimedia.org/wiki/File:Ogham_letter_beith.svg

[28] https://commons.wikimedia.org/wiki/File:Ogham_letter_luis.svg

[29] https://commons.wikimedia.org/wiki/File:Ogham_letter_fearn.svg

[30] https://commons.wikimedia.org/wiki/File:Ogham_letter_sail.svg

[31] https://commons.wikimedia.org/wiki/File:Ogham_letter_nion.svg

[32] https://commons.wikimedia.org/wiki/File:Ogham_letter_uath.svg

[33] https://commons.wikimedia.org/wiki/File:Ogham_letter_dair.svg

[34] https://commons.wikimedia.org/wiki/File:Ogham_letter_tinne.svg

[35] https://commons.wikimedia.org/wiki/File:Ogham_letter_coll.svg

[36] https://commons.wikimedia.org/wiki/File:Ogham_letter_ceirt.svg

[37] https://commons.wikimedia.org/wiki/File:Ogham_letter_muin.svg
[38] https://commons.wikimedia.org/wiki/File:Ogham_letter_gort.svg
[39] https://commons.wikimedia.org/wiki/File:Ogham_letter_ngeadal.svg
[40] https://commons.wikimedia.org/wiki/File:Ogham_letter_straif.svg
[41] https://commons.wikimedia.org/wiki/File:Ogham_letter_ruis.svg
[42] https://commons.wikimedia.org/wiki/File:Ogham_letter_ailm.svg
[43] https://commons.wikimedia.org/wiki/File:Ogham_letter_onn.svg
[44] https://commons.wikimedia.org/wiki/File:Ogham_letter_ur.svg
[45] https://commons.wikimedia.org/wiki/File:Ogham_letter_eadhadh.svg
[46] https://commons.wikimedia.org/wiki/File:Ogham_letter_iodhadh.svg
[47] Usuario: The Wednesday Island, después de en:Usuario: Brenton.eccles, Dominio público, vía Wikimedia Commons: https://commons.wikimedia.org/wiki/File:Wheel_of_the_Year.svg
[48] Art Gongs, CC BY-SA 4.0 <https://creativecommons.org/licenses/by-sa/4.0>, vía Wikimedia Commons: https://commons.wikimedia.org/wiki/File:Celtic_Tree_Of_Life_Art_Gong.jpg
[49] https://www.pexels.com/photo/anonymous-person-standing-on-footpath-in-autumn-6272345/
[50] https://www.pexels.com/photo/anonymous-female-soothsayers-with-crystal-ball-and-tarot-card-during-divination-session-6944350/
[51] Thomas Nordwest, CC BY-SA 4.0 <https://creativecommons.org/licenses/by-sa/4.0>, vía Wikimedia Commons: https://commons.wikimedia.org/wiki/File:Buddha_in_Meditation_2023-05-11-22.jpg

www.ingramcontent.com/pod-product-compliance
Lightning Source LLC
Chambersburg PA
CBHW051851160426
43209CB00006B/1251